歴史に名を残す「極悪人」99の事件簿

楠木誠一郎

二見レインボー文庫

はじめに

「極悪人」とは、読んで字のごとく「極めて悪い人」である。

本書を書きはじめるとき、友人知人に「極悪人」と聞いて誰を思い浮かべるか尋ねたところ、「暴君ネロ」「殷《いん》の紂王《ちゅうおう》」という答えが圧倒的だった。

「じゃあ、どんな人？　何をした人？　何をしたから極悪人なの？」と尋ね直したが、具体的な答えは返ってはこなかった。

つまり、「極悪人といわれてるから極悪人なんだろ」というわけだ。

ここで注目していただきたいのは、「暴君ネロ」も「殷の紂王」も、皇帝または王ということである。

では、世界史上に登場する皇帝や王が全員「極悪人」かというと、そうではない。

どうすれば「極悪人」と呼ばれてしまうのか。

それは、処刑という名の殺人を犯すかどうかで決まる。問題はその数と理由なのだ。

つまり、大量処刑を行なったかどうか。理由は何だったのか。

民主主義という言葉も、法治国家という言葉もない独裁政治下では、皇帝や王こそが国家であり法律だった。だから気に食わなければ、いくらでも殺した。自分の地位を脅かしかねないライバルは皆殺しにしたし、民衆を惑わしかねない宗教団体は根絶やしにした。すべては、皇帝であり王である自分の地位、いや国家を守るためだった。それが彼らの論理であり大義名分だった。論理や大義名分の前では、すべてが正義となった。

ただ問題なのは、彼らの論理や大義名分で塗りかためられた大量処刑という残虐行為が、美化されることがあったということだ。そんなことは許せない。

彼らの許されない行為は、ほかにもある。猟奇的な趣味を実現させるために人を殺し、肉体の快楽を追求するために他人を傷つけた。これも許せない。

もちろん「極悪人」は皇帝や王だけではない。政治とは無関係な犯罪者たちも多い。

何の罪もない人、それも女性や子供をなぶり殺しにし、肉体を傷つけ、バラバラにし、ときに食すという鬼畜の限りを尽くした。心の病がそうさせた者もいるかもしれないが、被害者とその肉親の立場になってみれば、ぜったいに許せるものではない。

昨今、凶悪犯罪はエスカレートしつづけている。刑法から尊属殺人罪が削除されたのを見てもわかるとおり、親子・兄弟姉妹といった親族を殺すことも少なくない。

そんな社会だからこそ、ここに挙げた「極悪人」たちの悪行を、あえて、さらけ出すことにした。あの有名人がこんなことを、と目をそらしたくなるかもしれないが、ほんとうにあったこととして、ぜひ正視していただきたい。彼らもおなじ人間なのだ。

初めに、ひとつお断りしておきたいことがある。

事件の性格上、猟奇殺人や残酷処刑、人肉食の現場を描写するために、かなりグロテスクな表現を使用している。もちろん、現場にいたわけではないから若干の想像はまじえている。もし食事の前後に読まれるときには、ご注意いただきたい。

なお、本書を執筆するにあたって参考にさせていただいた資料は巻末に列挙した。それぞれの著者や訳者、編者の方々に厚くお礼申しあげたい。

二〇一八年

楠木誠一郎

目次

第1章　血に餓えた殺人鬼の罠

1　子供一四〇人を切り刻んだ殺人遊戯　16
2　解剖室つきホテルに消えた女客たち　18
3　獲物を新聞で公募した好色殺人鬼　21
4　「切り裂きジャック」のおぞましい殺人現場　23
5　生まれすぎたわが子を全員惨殺した鬼父　26
6　被害者の血を飲み、死体を溶かした吸血鬼男　29
7　ダンディな詩人の極悪非道な素顔　31
8　外科医見習いの毒殺魔　33
9　モーツァルトを毒殺したといわれる男　36

10 孝明天皇を毒殺した真犯人は？ 38

第2章 うめき声が聞こえる残虐処刑

11 大虐殺の光景に恍惚とする女 42
12 支配地の住人皆殺しを命じた男の狂気 44
13 夫の愛人の手足を切断し便所に投棄 46
14 手あたりしだいに人の鼻を削ぐ 49
15 自分を罵る男は縛りつけて舌切りの刑 51
16 臨月の女の腹を割いて赤ん坊を出す 53
17 死刑囚の大腸を引きずり出す処刑マニア 55
18 道に延々と並べられた人間串刺しの棒 58
19 大鍋で煮る中国式虐殺法 60

第3章 皇帝たちの心に潜む「悪魔」

20 国民が震え上がった「雷帝」の処刑ショー 64
21 ローマを血で染めた暴君ネロ 66

22 ユダヤ人集団虐殺の狂気 68
23 毒薬実験に耽った悪徳皇帝 70
24 飽きた女を処刑・幽閉した移り気な王 73
25 淫乱女を好んだ女漁りの王 75
26 死体観察が趣味の変態王 77
27 背徳の異常性欲に身をまかせた皇帝 80
28 毒殺恐怖症の被害妄想皇帝 82
29 ワーグナーに心酔し心を病んだ幽閉王 84

第4章 偉大な権力者に秘められた悪行

30 四六〇人の学者を生き埋めにした皇帝 88
31 得意の騙し討ちで側近の首を斬る 90
32 美女の首を塩辛にしようとした王 92
33 許しを乞う女子供も撫で斬り 95
34 甥の一族すべてを処刑した殺生関白 97
35 キリシタンをじわじわ焚き殺す残酷刑 99

36 父の後妻を襲い、父の首を刎ねた皇太子 101
37 帝位を脅かすものは弟でも殺す 104

第5章 人肉を喰らう究極の冷血魔

38 女子供の肉を蒸して軍糧にした人食い魔王 108
39 愛人をメインディッシュにして乳房を食う男 110
40 生きながらの人肉しゃぶしゃぶを食う 112
41 旅人を食料にしていた人食い一家 114
42 男娼二二人をソーセージにして売った男 117
43 小児の肉だけを食べつづけた老人 119
44 女性の死体ばかりをコレクション 121
45 敵をミイラにした変態コレクター 124

第6章 想像を絶する猛女たちの非道

46 気に入らない皇帝の妃は井戸に投げこむ 128
47 前皇后の両手足を切断して酒の樽に漬ける 130

48 夫の愛人を鴆毒で殺す皇后 132
49 好きな男に接吻するために首を切らせた女 134
50 夫を毒殺し、息子と母子相姦した悪女 137
51 夫の父との愛欲に狂う嫁 139
52 天皇位をめぐって兄弟を戦わせた女 141
53 黒ミサの聖壇で赤ん坊の血を飲んだ王妃 144
54 死んだ夫の遺体を愛しつづけた女王 146
55 遊び好きでわがままだった悲劇の王女 148

第7章 禁断の世界に足を踏み入れた悪女たち

56 少女六〇〇人の血でエステした夫人 152
57 愛する人に近づく女を毒薬鍋で溶解 154
58 一八年間に三四人を砒素で毒殺 157
59 ハンドメイドの悪魔の軟膏で夫四人を毒殺 159
60 父、弟、妹などをつぎつぎに毒殺 162
61 宮殿敷地内に国王の売春宿をつくった女 164

62 異常な男性遍歴を繰り返した不感症の女 166
63 黒ミサで二〇〇〇人以上の胎児を捧げた女 168
64 自分を犯した父親を恋人に殺害させた美女 170
65 死体愛好趣味があった大女優 172
66 毒婦の代表と呼ばれた女 175
67 女性同性愛者レズビアンの元祖 177
68 詐欺師とともに活動した女スパイ 180
69 死者の霊を呼ぶ超能力姉妹の正体 182
70 恋人に逢いたい一心で放火した娘 184

第8章 色と欲に狂った宗教家たち

71 毒薬カンタレラでもてなす悪魔の宴会 188
72 女帝をたぶらかした色三昧の僧侶 190
73 大奥の女に行なわれた秘密の淫乱祈禱 192
74 人妻を片っ端から犯しつづけた怪僧 195
75 日本のラスプーチンと呼ばれた行者 197

76 セックスを教義にした錯乱教祖 199
77 人造人間ホムンクルスをつくった魔術師 201
78 魔術と錬金術療法の妖しい医師 204
79 貴族主宰の悪魔礼拝つき乱交パーティ 206
80 不老不死の薬を常用する二〇〇〇歳の男 208
81 夢を支配しようとした貴族詩人 211

第9章 歪んだ情欲に身をまかせた変態たち

82 妹に近づく者は殺す近親相姦一家の兄 214
83 情婦の息子を愛人にした少年同性愛者 216
84 女性を笞打ち快楽を得た性倒錯小説家 218
85 妻に苛めを要求した性倒錯の教祖 220
86 自らの情事の人生を書き残した男 223
87 淑妻の陰部に錐で穴を開けて鍵をかけた男 225
88 一二歳の少女を母親から買った高名思想家 227
89 女千人斬りといわれた精力絶倫の文豪 230

90 姦通を好み三〇人以上の愛人を持った文豪 232

第10章 人心を惑わす天下の大詐欺師たち

91 国家転覆を企んだクーデターの首謀者 236
92 女装して国家機密を盗んだ外交官 238
93 将軍吉宗の御落胤を称した天下の詐欺師 240
94 御落胤の噂のなかで殺された謎の幽閉児 243
95 一〇〇億円を稼いだ優雅な泥棒詐欺師 245
96 エッフェル塔を売却した男 248
97 マンハッタン島切断事業を考えたホラ吹き男 250
98 人間の弱みにつけこんだ予言者 253
99 若返り水を売った一八〇〇歳のペテン師 255

人名さくいん 258

第1章　血に餓えた殺人鬼の罠

1 子供一四〇人を切り刻んだ殺人遊戯——ジル・ド・レ

1404〜40 フランス

フランス西部のナントの村で、子供が行方不明になるという事件が続発した。

子供がいなくなるたびに、親たちは、村の家々を訪ね歩き、草をかきわけ、森に分け入り、名前を呼びながら、わが子の姿を探し求めた。しかし、ひとり消え、ふたり消え……とうとう、子供という子供が村からいなくなってしまった。

初めのうちこそ、「悪い仙女がかどわかした」「妖精が遠くへ連れていってしまった」などといったデマが流れていたが、やがて、ある黒い噂がささやかれはじめた。

噂によれば、ナントの村だけではなく、ティフォージュ、シャントセ、ラ・シューズでも子供集団失踪事件が起きており、その数は一四〇人とも一五〇人とも、二〇〇人以上ともいわれているらしい。

しかも、村にある城の前には、子供の親たちが長い行列をつくっているという。それらの城の持ち主はどれもおなじで、その名前を耳にした村人たちは誰もが、森の奥に潜むようにそびえる黒い城を見上げた。

城の持ち主の名前は、ジル・ド・レ侯。三六歳の元陸軍元帥である。

子供を探し求める親たちがナントの城を見上げているころ、素っ裸になったジルは、連れてきたばかりの少年の目を覗きこんでいた。

まだ幼児ともいえる少年は怯《おび》え、唇を震わせている。石畳を叩く湿った音が聞こえてきた。おもらししてしまったらしい。消え入るような声で「ごめんなさい」といって見上げた少年の怯えた瞳に、蠟燭《ろうそく》の火に灯された自分の顔が映し出されているのを見たとき、ジルのなかの嗜虐《しぎやく》の獣が目を覚ました。

右手の人差し指で少年の左眼を、左手の人差し指で少年の右眼をえぐり出し、黒目がキョロキョロ動きつづけている眼球をつかみ上げたジルは、まだつながったままの神経を引きちぎって足もとに叩きつけた。眼球はあらぬ方向を向いたまま床にへばりついた。

苦痛に満ちた悲鳴をあげながら尻餅をつき、両手を床に這わせ、あるべき眼球を探している少年の黒い眼窩《がんか》に指を突っこんで血と混ざった体液を指でこねまわすのを楽しんだジルは、壁に立てかけてある棘《とげ》のついた棒を握りしめた。

音を聞きつけた少年は尻餅をついたまま後ろ向きに逃げはじめたが、身体が痙攣《けいれん》していて、立ち上がることができない。

棘つき棒を両手で握りしめたジルは、前から近づくと、少年の頭部めがけて振り下ろした。いやな音がした。陥没した頭蓋骨の隙間から血糊とともに脳漿《のうしよう》がほとばしったが、ジルは瘧《おこり》がついたように何度も何度も叩きつづけた。

血糊と脳漿がへばりついた少年の口からは、小さな息が漏れている。臭い空気を吸いこんだジルは、壁に掛けられている大ぶりな剣の柄をつかむと、少年の腹を真一文字に裂いた。堰《せき》を切ったように臓腑が溢れ出し、ジルの足もとを埋める。

さらに少年の両手両足を切断すると、生温かい臓腑に腰までつかり、まるで砂遊びでもするかのように勃起した陰茎をしごきはじめた。

ただ血を見たさに子供を殺しはじめたころは、眼球をえぐるだけで、頭をかち割るだけで、腹を裂くだけで精液を漏らしていたが、いまでは、子供の身体が原形をとどめなくなるまで破壊しなければ満足を得られなくなってしまっている。

少年だった肉の塊の上に精液をぶちまけながら、ジルは、ジャンヌ・ダルクを助けオルレアンに戦ったとき、自分が殺した兵士の生温かい血を浴びながら射精したときのことを思い出していた。

2　解剖室つきホテルに消えた女客たち——ハリー・ハワード・ホームズ　1861〜96　アメリカ

シカゴ郊外にあるそのホテルは、何の変哲もない三階建ての家だった。一階にはテナントが入り、二階はオーナーの自宅らしく、三階がホテルになっていた。シカゴ万国博覧会に合わせて開業したホテルは、こぢんまりしていて女性客に人気があった。

オーナーの名前は、ハリー・ハワード・ホームズ。

ホテルの向かいにあるドラッグストアの経営者である。共同経営者の女性が姿を消したこと、初めホームズは雇われ店員にすぎなかったことを知っている近隣の人たちも、ホテルの建築作業員が何度も入れ替わっていることには気づいていなかった。

その日も、女性の泊まり客があった。

彼女のことを気に入ったホームズは三階の、ある一室に彼女を案内すると、ドラッグストアを早々に店じまいして、二階の自宅に戻った。服を脱ぐのももどかしく、壁の向こう側に隠した秘密階段をのぼり、彼女を案内した部屋とは壁一枚隔てた隠し部屋にこもった。

この秘密階段と隠し部屋は、別の建築作業員に苦労してつくらせたものだ。客室と隠し部屋のあいだには覗き穴を開け、客室のなかを見渡せるようになっている。

覗き穴の向こうでは、誰にも見られていないのをいいことに、彼女は服を脱いでくつろいでいる。ホームズは覗きながら、右手を下腹部にもっていって手淫を始めた。覗かれていることも知らずに、彼女のほうは疲れているのか、あくびを繰り返している。

ホームズは覗き穴にふたをすると、手もとにある管のコックをひねって彼女の部屋にガスを送りこんだ。これまでの経験で間合いをはかって覗き穴から覗きこむと、思ったとおり、彼女はベッドの上に倒れこんでいる。

隠し部屋から客室に侵入したホームズは、念のために彼女にクロロホルムを嗅《か》がせて完全に眠らせると、部屋の一角にある大きめのダストシュートを開け、彼女を頭から滑りこませた。グリースを塗って滑りやすくしているが、それでも足もとから入れると、途中でひっかかる可能性があるのだ。

地下室におりたホームズは、彼女がダストシュートから落ちているのを確認した。

そこで彼女を一糸まとわぬ姿にしたホームズは、自分も服を脱ぎ、彼女の両脚を開いて犯した。まるで死姦するかのようだが、こうしないと感じないのだ。

膣《ちつ》に精液を注ぎこんだホームズは、彼女の意識が戻るよりもさきに、地下室の隅に置いてある解剖台にのせた。さらに、置きっぱなしになっているノコギリで、彼女を解剖したのだ。かつて医学校を卒業し、開業医だったこともあるホームズには朝飯前の作業だった。

最後は、彼女をバラバラにし、焼却炉がわりの大型ストーブで手足や胴体を焼き、骨を床下に埋めた。

すべては慣れた手順だった。ドラッグストアの女性経営者の死体を始末するために建てた、このホテルの地下室では、これまでにも愛人や知人の女性を何人も殺してきた。口を封じるために男を殺したこともあった。もちろん、ホテルに泊まった女性客も殺した。

初めのうちは数を数えていたが、いまでは、まったく覚えていない。

ホームズが殺した数は、二〇人とも、三〇人とも……二〇〇人ともいわれている。

3　獲物を新聞で公募した好色殺人鬼――アンリ・デジレ・ランドルー
1869～1922　フランス

「ふたりの子供のある男やもめ。年齢四三歳。充分な収入あり。情熱的でまじめ。交友関係は活発。結婚を考えている未亡人にお目にかかりたし」

アンリ・デジレ・ランドルーは、新聞広告の文面を読み返した。

条件は満たしている。四三歳で子供がいなければ、かえっておかしい。妻は死んでいる。金はある。情熱的ということはセックスが盛ん。社交性もある。

とくに金とセックス、そして結婚。この三つでひっかかってこないはずがない。

――新聞に広告が掲載されて数日後、手紙が何通も何通も舞いこみはじめた。

さっそくノートを買ってきたランドルーは、手紙の内容や封筒の情報を逐一記入した。

几帳面な性格でなければ、やってはいられない。そのうえで返事を分類してみた。

「局留めで返事をよこす」「金がない」「家具がない」「返事がない」「局留めで姓名の頭文

字で返事をよこす」「おそらく財産あり」「予備、さらに調査が必要」

とにかく、いちばん熱心そうな女から家に呼ぶことにした。もちろん結婚を前提とした生活をほのめかし、多少の金や家具を持参することを計算に入れていた。

やってきた女は、はっきりいって若づくりだった。一見したところは、自分と同《おな》い歳ぐらいだが、もっと年上であることは容易に想像できた。それでも、女の目はらんらんと輝いていた。結婚に前向きなのだ。

やってきたときには子供の姿を探していたが、そんなことはどうでもよくなったのか、すぐに抱きついてきた。

ランドルーは、容姿端麗ではなかった。頭髪はなく、そのぶん顎ひげが豊かに伸びていた。その色は、光のあたりぐあいによっては青く見えた。

女を脱がすと、ほとんど豚のようだった。だが、しばらく男抜きの生活を送っていたからか、それとも根っから好きなのか、とにかく激しかった。

もちろんランドルーも、そっちのほうは自信があったから、野獣のような情交となった。汗だくになり、おたがいの肌がつるつる滑った。

三〇分後、女は大きな声で気をやった。ランドルーもたまりにたまった精液を膣のなかにぶちまけた。何度も何度も打ち放った。

ランドルーは、ベッドの上で失神している豚を見下ろしながら、こんな女に興奮した自分に腹が立った。そうなれば、もう用はない。殺すだけだ。

女の上に馬乗りになり、大きな両手で首を絞めた。失神から目を覚まし、驚いた顔で見返してきたが、そんなことはどうでもいい。喉の奥から少しうめき声がもれたかと思うと、すぐに動かなくなった。あっけなかった。

ベッドの上に小便を漏らされたのが、また腹立たしかった。

あとは、大きなかまどに放りこんで焼けばいい。

事件が表面化して捜査の手が伸びたとき、二八三人の「婚約者」からの手紙が発見された。彼女たちは、ほぼ全員行方不明になっており、室内からは大量の女モノの洋服や下着、そして焼け残った人骨が発見された。

4 「切り裂きジャック」のおぞましい殺人現場――ジャック・ザ・リッパー 19世紀 イギリス

英語読みをそのまま書けば「ジャック・ザ・リッパー」、日本語に訳すと「切り裂きジャック」。犯罪史やミステリー、イギリス史に詳しくなくても、この名前を知らない人は少ない。なにしろ、世界でいちばん有名な殺人鬼である。

もちろん、これは本名ではない。事件から一一〇年がたとうとしているいまでも、真犯人はわかっていない。「切り裂きジャック」というのは、犯人が犯行声明文の最後に署名していた名前なのだ。

犯人がわかっていないので、事件現場の再現はできない。そこで、これまでに確実視されている「切り裂きジャック」の五つの死体発見現場をじっくりご覧いただこう。

最初の被害者の名前は、メアリー・アン・ニコルズ。通称ポリーという名の四二歳の売春婦である。

路上に仰向けに寝かされたままの姿勢で発見されたポリーは、膝上までスカートをめくられていた。陰部に二度、刃渡り一八センチぐらいのナイフを突っこまれていた。一度めは鼠蹊《そけい》部から左の臀《でん》部へ、二度めは胴体の中心線に沿って胸まで切り裂かれていた。致命傷は、喉に左右に走った傷で、喉笛と食道を切断されていた。

二人めの犠牲者は、アニー・チャップマン。四〇代後半の売春婦である。

彼女の場合も仰向けに寝かされていた。顔は激しく殴打されて腫れ上がり、口から舌を出していた。致命傷となったのは喉に走った傷で、二度切られており、しかも深かった。胴体とは皮一枚でつながっていた。

ポリーと違っていたのは、下腹部を裂かれていることだった。切り離された臓腑が肩のあたりに放り出され、胃袋もパックリ口を開けていた。しかも、子宮と膣と膀胱《ぼうこう》が持ち去られていた。それが目的で邪魔な臓腑を散らかした。そんな感じだ。

三人めの犠牲者、エリザベス・ストライドは、四四歳の売春婦だった。彼女は横向きに寝かされていた。彼女もアニーのように顔を殴打され、喉を二度切られていたが、それだけで胴体に傷はなかった。誰かが通りかかったため、作業途中で放り出したらしい。

三人めの犠牲者が出た晩、四人めの被害者が出た。三人めで果たせなかった作業をいっぺんにやってのけた感じだった。名前はキャサリン・エドウズ。四三歳の、やはり売春婦である。

死体で発見されたときは、やはり仰向けで、大きく足を広げていた。顔には大きな引っかき傷があり、右目を損傷していた。右耳たぶと鼻を切り取られ、えぐられた下腹部から引きずり出した臓腑が右肩のあたりにばらまかれていた。そして、こんどは子宮と左の腎臓が持ち去られていた。この腎臓の半分は、あとになって自警団長のもとに郵送され、残りはフライにして食べたという手紙が同封されていた。

五人めの被害者の名前は、メアリー・ジャネット・ケリー。この犠牲者の場合は、これまでの事件と相違点が多かった。まず彼女だけが、おなじ売春婦でも二四歳と若く、犯行は屋内で行なわれた。そして、もっとも損傷が激しかった。

部屋のベッドの上に寝かされてはいたが、それは人間というより生肉に近いほどバラバラにされていた。手足を切られているのではない。切り刻まれていたのだ。やはり喉を切り裂かれているのが直接の死因だった。しかも右耳から左耳まで切られ、頭と胴体は皮一枚でつながっていた。

その顔は皮が剝がれていた。顔の中央にあるはずの鼻は削がれ、両方の乳房といっしょにテーブルの上に置かれていた。肝臓、心臓、腎臓ふたつも取り出されており、皮一枚で胴体とつながった左腕の先の指は、切り開かれた胃袋のなかに突っこまれていた。

そして、引きずり出された腸が、壁の額縁の周囲にかけられていたのだ。

5 生まれすぎたわが子を全員惨殺した鬼父――ウィリアム・グールドストン 19世紀 イギリス

仕事場の鍛冶屋からの帰り道、仲間たちと安いスコッチをひっかけるわけでもなく、ウィリアム・グールドストンは、ひとりで歩いていた。

仲間が飲んでいこうと誘ってくれても行けなかった。金がなかったのだ。おかげで、いつのまにか謹厳実直な男と思われるようになった。だから最近では、誘ってもくれない。

ウィリアムには、どうしても理解できないことがあった。それは、どうして三年のあいだに五人も子供が生まれてしまったのか、ということだ。

このあいだの八月までは、たしかに三人だった。それが五人になってしまったのだ。妻が双子を産んでしまったのだから計算は合うのだが、やはり理不尽なものを感じていた。

こんなに貧乏しているのに、どうして五人も育てなければならないのか、それが不思議だった。

翌朝まで悩んだ。眠れなかった。仕事に行かなきゃ。そう思った瞬間、ものすごい解決方法を思いついた。なぜ、これまで思いつかなかったか不思議だった。

すでに起きて、玩具を取りあうように遊んでいる三人の子供を見下ろした。三歳の子は遊び盛りで騒ぎまくっている。二歳の子は、わけのわからないことをいってわめいている。一歳の子は歩きはじめたばかりで、転んでは泣いている。

ほんとうに、うるさい。このうるささがかわいいと思ったこともあるが、そんなことはない。やっぱり、うるさい。耳をふさぎたくなるほどだ。

遊んでいる三人をかき集めたウィリアムは、子供が小魚を飼っている水槽に近づくと、いちばん大きな三歳の子を頭から突っこんだ。わずか三〇センチほどの深さしかないが、子供を溺死させるには充分だった。

初めのうちは抵抗してもがいていたが、すぐに動かなくなった。そこで水から出して、そのへんに放り投げた。

二歳の子は恐ろしさのあまり小便を漏らしていた。そんなことも気にせずに、その子も頭から水槽のなかに突っこんでやった。こっちも、たいした抵抗もなく動かなくなった。放り出すと、うまく三歳の子の上に重なった。

一歳の子は抵抗する間もなく、溺死した。これも放り投げたが、ふたりの上には重ならなかったので、わざわざ拾いにいって重ねてやった。

あと、ふたりいる。

ハンマー片手に寝室に入った。双子の赤ん坊は、まだ眠っている妻の横でスヤスヤ寝ていた。これなら泣かなくていい。ウィリアムは、双子の赤ん坊の胸のあたりにハンマーを振り下ろした。グチャと潰れる音がしただけで終わった。

終わらなかったのは妻のほうだった。ウィリアムのうしろで絶叫していた。真っ赤に潰れた双子の赤ん坊を抱きしめていた。

妻が、これ以上ないほど怖い顔で振り向いた。

だからウィリアムは、いってやった。

「おまえ、初めは子供が欲しくないっていってたじゃないか。だから殺してやってんだ。これでひとりになれるぞ。幸せだろう」

6 被害者の血を飲み、死体を溶かした吸血鬼男

ジョン・ジョージ・ヘイグ
1909〜49　イギリス

「奥さま、さあ、こちらですよ」

ヒトラーのようなひげをはやしたジョン・ジョージ・ヘイグは、紳士然とふるまいながら、デュランド・ディーコン夫人を、自分が借りている倉庫に案内した。

宿泊しているホテルでいかにも金持ちそうな夫人を見かけたヘイグは、夫人に近づき、夫人がつけ爪の製造事業に興味をもっていることを知り、そのお手伝いをしましょうと嘘をつき、連れてきたのである。

怪しまれないように、つけ爪の材料だけは用意しておいたから、夫人は熱心に材料に見入っている。この、わずかな時間が重要だったのだ。

あらかじめ用意しておいた拳銃で、夫人の後頭部を遠慮なく撃った。血が壁に散り、夫人はつけ爪の材料のなかに倒れ伏した。おそらく痛みを感じる前に事切れてしまったにちがいない。

車のトランクからナイフとグラスを取り出してきたヘイグは、ナイフで夫人の喉を切ると、溢れ出る血をグラスに採って飲み干した。まだ暖かい血が、自分の喉から胃袋に収め

られていくのがわかった。

子供のころに傷口から出た血を吸ったとき、あまりの甘美さに陶酔したヘイグは、自分が吸血鬼一族の末裔《まつえい》であると思いこみ、それからというもの、人を殺すたびに生き血を吸ってきた。だから、このグラスに血を採るのは儀式のようなものなのだ。

それから、夫人が着ていたペルシャ子羊のコート、指輪、ネックレス、イヤリングなどの貴金属類をはずした。この盗みが犯行の目的だった。

夫人の身体を折り曲げるようにしてドラム缶に入れたヘイグは、そこへ硫酸を注ぎこんだ。ジュワッと音がして異臭とともに白い煙が上がった。あとは化学反応により夫人が溶けてしまうのを待つことにした。

いったんホテルに戻ったヘイグは、翌朝、夫人が行方不明になっていることを、いっしょになって騒ぎ、盗んだ貴金属類の一部を宝石商に持ちこんだ。

工場に戻ってドラム缶のなかを覗いたヘイグは、まだ溶けきっていないのを確認すると、残りの貴金属類を処分しにいった。

戻ってきたときには、硫酸の化学反応は終わり、脂肪と骨のかけらが浮いていたので、溶けたかすをバケツでくんで倉庫の庭にまき、底のほうに残った脂肪と骨のかけらに、あらたに硫酸を足して、工場をあとにした。

すべてが溶けたのは犯行から五日後だった。溶け出さなかったプラスチック類だけはゴミとして出し、ドラム缶のなかの溶けかすをすべて倉庫の庭に流した。これまでマンホールを開けて下水に流しこんだりしてきたのだが、手を抜いたのがいけなかった。庭の小石に混ざって、溶けなかった夫人の胆石《たんせき》が転がっていようとは、さすがのヘイグも予想だにしなかっただろう。

7　ダンディな詩人の極悪非道な素顔——ピエール・フランソワ・ラスネール　1800〜36　フランス

ラスネールが「極悪人」の仲間入りを果たすことができたのは、警察に逮捕され、裁判が始まってからのことだった。

「殺した相手はふたりではなく、一〇人、いや一〇〇人にもなるでしょう。それでも、下手な戦争の下手な指揮官ほども殺してはいません。共犯者が無能だったので、私の戦争は蟻の喧嘩のようなものでした。それでも、私の弁護士は、私のことを過小評価しすぎです。私にも勲章をもらう資格はあるつもりです」

被告人の陳述シーンにおいて、ラスネールはこんなことをいってのけた。しかも、

「私は人類を憎悪し、同時代人に嫌悪を覚えます」

と付け加えることを忘れなかった。

この瞬間に、「メランコリックな美貌」「優雅な物腰」「さわやかな弁舌」で名を売り、監獄の病室を、ジャーナリスト、文士、医者、弁護士、物見高い紳士、有閑マダムたちの面会者でいっぱいにしたラスネールの仮面は、音をたてて崩れ去った。ラスネールが神妙な面持ちで裁判に臨むことを期待していた傍聴人たちは、たがいの顔を見合わせ、第二回公判も傍聴しようという人はいなくなった。ラスネールのことを英雄扱いしていた新聞は、翌日からは「冷酷な獣」「ダンディな仮面を脱いだ悪魔」「人類の敵」といった表現をするようになった。

映画『天井桟敷《てんじょうさじき》の人々』に登場するラスネールのモデルにもなったピエール・フランソワ・ラスネールは、幼いころから頭脳明晰で早熟だったが、エロ本を買って学校を追い出され、すぐ下層社会に身をやつした。

オモテ稼業は得意な文才を活かした代書屋をしながら、昼間は寄席芸人や香具師《やし》、売春婦や浮浪者たちとつきあい、夜になればシルクハットにフロックコート、さらにステッキを握ったダンディな男に変身して社交界や文壇に出入りしては、金持ち相手に泥棒や詐欺を働いた。夜中にひとり、詩を書くことが唯一の楽しみだった。

悪いことなら何にでも手を染めた。仲間割れから殺人を犯すこともあったが、とりたてて騒ぐようなものではなかった。

　裁判の結果は、もちろん死刑だった。ギロチン台に向かう途中、いっしょに処刑される共犯者に向かってラスネールは冗談をいった。

「墓場の土は冷たいんだろうな」

　ギロチン台にのぼったラスネールは、抵抗することなく首を前に差し出した。どちらかというと、早く殺してほしがっているように見えた。

　ギロチン台の刃がストンと滑り落ちた。だが、刃は途中で止まった。二度めも、三度めも、四度めも、五度めも失敗し、六度めにようやく首をはねた。

　ラスネールに嘲笑《わら》われた人類にかわって、ギロチン台が復讐をしたように誰もが思った。

8　外科医見習いの毒殺魔――ジョージ・チャップマン　1865〜1903　ポーランド

　そのブランデー・ソーダを飲んだあと、モード・マーシュの母親と看護婦は、ふたりしてトイレに駆けこんだ。異様な吐き気に襲われたのである。つづけて腸がグリュグリュと音をたてて、ひどい下痢に見舞われた。

　トイレから出たあとふたりは、残ったソーダを持って医師のもとに駆けつけた。

ふたりの話を聞いたうえでソーダの成分を調べた医者は、砒素《ひそ》のようなものが混入されていることを突きとめた。

「やっぱり、あの男が娘を殺そうとしているのよ」

あの男とは、通称ジョージ・チャップマン。去年、娘と結婚したいといって両親のもとに挨拶に来たものの、じきに娘は病気がちになりはじめた。入院すれば病状はよくなるが、退院すると、また悪くなるのだ。初めこそ、毒でも盛っているのではないか、と冗談で思っていたが、それが冗談ではないことがわかったのだ。

モード・マーシュの母親の態度が変わったことに気づかないほど、チャップマンも鈍感でなかった。いや、かえって敏感に感じ取っていた。

どうやら、これまでとは違うようだ。

最初のメリー・スピンクスのときは、時間こそかかったが、じつにうまくいった。大酒飲みで夫に逃げられた女だが、財産家だった。

この女を騙して同棲し、理髪店を出した。開店資金は女に出させた。刃物の扱いは、外科医の見習いをしたこともあるから慣れていた。そのあと理髪店をたたんで酒場を開いたころ、やっと毒がまわって死んだ。血反吐《へど》を吐き散らしてくれたおかげで、死因は肺結核と診断された。

そのあと店で募集したホステス、ベシー・テイラーと同棲したが、この女は嘔吐と下痢を繰り返して入院したりしたが、退院して、そのまま衰弱死した。

モード・マーシュは、チャップマンが目をつけた三人めだった。

じつは、チャップマンが愛用している毒は、砒素ではなくアンチモンだった。金属性物質のアンチモンは、光沢のある銀白色の結晶からできており、空気中では変化しないが、湿った空気中では光沢を失い、もろくなる。砒素のなかにも含まれた物質であるため、砒素と区別がつきにくい。

そこまで熟知したうえでモード・マーシュに毒を盛りつづけたチャップマンだったが、日に日に衰弱する娘を見舞いにくる母親に怪しまれていたのだ。

今日も飲ませようと病院に持参したブランデー・ソーダが飲まれたうえ、病室から持ち出されたのに気づいたチャップマンは焦った。

家《や》捜しをされて証拠物件が見つかってはまずい。そう思ったチャップマンは、持参したアンチモンをすべてモード・マーシュに飲ませた。致死量に至らなくても、これまで蓄積した毒が助けてくれるにちがいなかった。

こうして三人めの命を奪ったチャップマンだが、彼には「切り裂きジャック容疑者」という、もうひとつの顔があった。最初の事件現場近くに住んでいたこと。外科医見習いで刃物の扱いに慣れていたこと。三人めの犠牲者アニー・チャップマンと同棲したことがあり、いまでも、その姓を名乗っていること……などである。

しかし、毒殺する犯人が、被害者を切り刻むはずがないという見方もあり、真相は明らかにされていない。

9 モーツァルトを毒殺したといわれる男——サリエリ 1750〜1825 イタリア

芸術家に天才と努力家の二種類しかいないとすれば、さしずめモーツァルトは天才で、サリエリは努力家だった。

このことをモーツァルトは気づかないが、サリエリは痛いほど、よくわかっていた。「フィガロの結婚」「ドン・ジョヴァンニ」「魔笛」……と傑作をものにしていくモーツァルトを見ながら、サリエリは苛立ちを隠すのに精一杯だった。

これまで、ウィーンの宮廷楽長として、ベートーベンやシューベルトといった音楽家を育成してきたサリエリには、彼なりのプライドというものがあった。音楽史のうえで見れば、サリエリは優秀な作曲家であり、教育者にはちがいなかった。そのまま、それなりの充足感をもって人生の幕を引くことができたはずだ。

そんなところに、モーツァルトが登場したのである。

自分より六歳も年下の天才を見ているうちに、サリエリは腹が立ってきたのだ。努力もしていない。血の滲《にじ》むような思いをして曲を作っているのに、モーツァルトは何の努力もしていない。これは芸術に対する冒瀆《ぼうとく》ではないか。天才には天才なりの努力の仕方というものがあるのだが、努力家のサリエリには理解できなかった。

ここでサリエリが、モーツァルトへの殺意を抱いたと考えるのも理解できる。

モーツァルトが体調を崩しはじめたのは、見知らぬ男に「レクイエム」の注文を受けたころからだった。このころのモーツァルトは借金を抱えていたこともあり、まるで熱にでも浮かされたように作曲を始めた。

家に閉じこもって作曲に耽《ふけ》るモーツァルトを見舞ったサリエリが、どのような種類の毒を用意したのかは確かでないが、砒素のように遅効性のものである可能性は高い。

『モーツァルトとサリエリ』のなかで、プーシキンはこんな場面を想像している。

サリエリがコップに毒を入れてすすめると、モーツァルトはためらうことなく、それを飲み干した。サリエリにしてみれば、そんなにすんなり飲んでしまうとは思ってもみなかったのだ。

「待て、待て。――モーツァルト、きみはもう飲んでしまったのか。ぼくは、まだなのに」

するとモーツァルトは、何事もなかったかのように起き上がるとピアノのところまで行き、弾きながら、こういうのだ。

「聞いてくれ、サリエリ。これが、ぼくのレクイエムだ」

サリエリが自分に嫉妬していることも、殺したがっていることも、いま飲んだコップに毒薬が混ぜられていたことも、すべて知っていたかのようにモーツァルトは、見知らぬ男から注文されている「レクイエム」を弾きはじめた。

モーツァルトは、病床について二週間後、この世を去った。

10 孝明天皇を毒殺した真犯人は?――岩倉具視 1825〜83 日本

岩倉具視《いわくらともみ》は、一日に何度も報《しら》される孝明《こうめい》天皇の病状に逐一耳を傾けていた。正規のルート以外に、岩倉のもとには極秘情報が寄せられてくる。情報源は、天皇の周囲の世話をする女官の姪、稚児《ちご》として可愛がられている孫のふたりだ。

初めは、ただの風邪だと誰もが思ったらしい。熱が出ても冷めず、うわごとをいうようになったが、まだ誰も心配しなかった。そのうち治るだろうとたかをくくっていた。

だが、発病四日めにして、吹き出物が出た。周囲の者たちは、あわてはじめた。

「天皇陛下の病気は、ただごとではない」――と直感したのである。

朝廷内では、医者たちが駆けずりまわっては頭を抱えていた。早いところ病名をはっきりさせなければならないからだ。痘瘡《とうそう》か、赤痢《せきり》か……決め手は何もなかった。

とりあえず下剤を投与したところ、下痢便が出て熱も下がった。

「なんだ、ひどい便秘だったのか」

そういって笑ったのも束の間、嘔吐しはじめた。

それでも、とにかくは「痘瘡」と発表した。もちろん疑心暗鬼だった。

さらに吹き出物が大きく紫色に変じたと思ったら、下血《げけつ》が始まった。下血はつづき、やがて吹き出物から膿《うみ》がドロドロと出はじめた。膿は三日間止まらなかった。

――報告を聞きながら、岩倉具視は顔色ひとつ変えなかった。ただ、苛立っていた。

孝明天皇を毒殺できないでグズグズしている医者に腹を立てていたのだ。

どんな毒薬を投与して発病したかは、まったくわかっていない。

だが、発病して八日後に、「辰砂《しんしゃ》」「紫雪《しせつ》」などを投与したことは耳に入っている。いちおう朝廷では、どちらも健康長寿薬、不老不死薬ということになっているが、じつはそうではない。

「辰砂」は水銀と硫黄、「紫雪」は磁石や石灰などに小判が調合されている。薬とは無縁の毒、なのだ。毒を薬と思って、ありがたく飲んでくれるのだ。

毒殺を実行する者にとって、こんな、ありがたい話はない。

しかも、その毒を投与するのは、信用のおける医者ときている。誰に疑われることもない。

もし万が一、疑われたところで、

「てっきり薬だとばかり思っていたぞよ」

と驚いてみせ、ヨヨと泣き崩れてしまえばいい。

孝明天皇を殺したのは岩倉具視である、という証拠はどこにもないのだ。

第2章　うめき声が聞こえる残虐処刑

11 大虐殺の光景に恍惚とする女——カトリーヌ・ド・メディシス 1519〜89 イタリア・フランス

「どうするのです？ やるんですか、やらないんですか？」

カトリーヌ・ド・メディシスは、次男のシャルル九世に詰め寄った。

カトリーヌは、目の前で震えているわが子が情けなくてしかたがなかった。

夫アンリ二世が不慮の事故で死んでからというもの、カトリーヌはひとりでフランス宮廷を牛耳《ぎゅうじ》ってきた。

父の跡を継いでフランス国王になった長男フランソワ二世も早世し、わずか一〇歳で国王になったシャルル九世は、摂政である母がいなければ何もできない、どうしようもない若者に育っていた。イタリアのメディチ家から嫁いできて苦労の連続だった自分のことを考えれば、ますます、そう思った。

だが、そんなことはいっていられなかった。いまフランスでは、旧教カトリックと新教ユグノーが全面的に対立。カトリーヌは、カトリック国スペインとの戦争をけしかけているユグノー派の首長コリニー提督の暗殺まで考えるようになっていた。

ちょうどそんなおり、旧教を支持するブルボン家に娘マルグリットを嫁がせたカトリーヌは、結婚式に出席するためパリに集まっているユグノー派の貴族を始末してしまおうと考えたのである。

だが、争いごとを嫌う次男を見てため息をついたカトリーヌは、もういちど尋ねた。ようやくシャルル九世は「わかりました」と返事をした。

のちに「サン・バルテルミの大虐殺」と呼ばれるようになったユグノー派殲滅《せんめつ》作戦は、とにかく陰惨の一語につきた。パリは大量殺人の現場と化したのである。

剣を持った兵士たちは、それが任務であることを忘れたかのように人間狩りを楽しんでいた。ユグノー派と見るや、女だろうが子供だろうが、妊婦だろうが、赤ん坊だろうが、おかまいなし。胴体を刺したはしから臓腑が飛び出し、刎《は》ねた首から大量の血が噴き出した。こん棒のようなもので頭を叩かれ、脳みそを顔じゅうに垂らしている男もいた。白目を剝《む》いたなかには、生きたまま首に縄をかけて、そのまま引きずられる女もいた。

女の口からは泡が溢れ、血が垂れている。

まさに、あたり一面死体だらけだった。

たとえば、建物の窓から死体を放り投げようと思って見下ろすと、道は死体で埋まっている。じゃあセーヌ川に投げこもうとするが、川も死体で埋まっており、川のほとりには、馬車の荷台に積んだ死体を捨てようと、馬丁が順番待ちをしている。

それらの光景を、カトリーヌとシャルル九世は城のバルコニーから見ていた。あちこちで同時多発的に行なわれる殺人劇を見ていて、感覚が鈍くなってしまったのだろう。いや、おかしくなってしまったかもしれない。猟銃を取り出してきたシャルル九世は、逃げ惑うユグノー派の人々をバルコニーから狙い撃ちしていた。

そしてカトリーヌは、ほとんど切り刻まれて生肉のようになった死体を見下ろしながら、恍惚《こうこつ》とした表情を浮かべていた。

丸二日つづけられた殺戮《さつりく》劇の被害者は、二万人とも一〇万人ともいわれている。

12 支配地の住人皆殺しを命じた男の狂気——張献忠 1606〜47 明

のちに魯迅《ろじん》が「殺《シャー》、……殺《シャー》」と表現したほど、その男の殺人癖は常軌を逸していた。

男の名は張献忠《ちょうけんちゅう》。明《みん》末農民反乱軍の指導者のひとりである。蜀《しょく》（四川《しせん》）に入って大西《だいさい》国《こく》を勝手に建てて皇帝を自称しはじめたものの、すぐに清軍が侵入。形勢不利を悟ったとき、張献忠は人間が変わった。いや、戦《いくさ》、戦……で明け暮れているうちは現われてこなかった殺人癖が目を覚ましたのである。

身の毛もよだつ戦慄《せんりつ》の殺人劇の幕は、張献忠のこの一言から切って落とされた。

「四川の人間は、まだ絶滅していないのか。わしが手に入れたものは、わしの手で絶滅させてやる。ひとりたりとも清軍に渡しはしない」

蜀の住人の皆殺しを決意した張献忠は、自軍の兵士全員を殺人兵器に仕立て上げることにし、厳しいノルマを課した。

「男の手足なら二〇〇対《つい》、女の手足なら四〇〇対を獲得したものは士官に命ずる」

この触れには、ノルマを達成できなかった場合、出世できないだけでなく、何かしら懲罰があることを匂わせていた。士官になるか殺されるか。殺されるのがいやなら殺しまくるしかない。

蜀の家という家を荒らして住人を殺戮した兵士たちは、山に逃げこんだ住人を殺すために狩りまで始めた。いつもなら女を殺す前には強姦するという楽しみがあるのだが、そんなことをいっている余裕はなかった。

この殺人ノルマのために、文字どおり、蜀の生き残りはひとりもいなくなった。

だが張献忠の殺人癖は、蜀の皆殺しでは終わらなかった。

蜀に駐在している明の官吏まで、殺しはじめたのである。

明の官吏の場合は、殺すだけではすまなかった。残酷な刑罰を加えたのである。

獰猛《どうもう》な犬が匂いを嗅いだ者から殺していく、宙づりにして背中から槍で刺す、手足を切断するなどはあたりまえ。なかには、生きたまま皮を剥《は》がれる者もいた。首のうしろから肛門まで切れ目を入れ、まるで着ているものを脱ぐように、ゆっくりゆっくり皮を剝がしてゆく。このとき官吏を殺してはならず、もちろん皮を傷めてもいけない。全身の皮を剝がれた官吏は、血の溢れ出た半透明な桃色の肉を剝き出しにしたまま丸一日生きて、死んでいくという。

明の官吏を殺しつくすと、こんどは自軍の兵士に難癖をつけては殺し、ついには友人、妻子まで手をかけはじめた。

訪ねてきた友人と酒を酌み交わし、土産をたっぷり持たせて帰しておきながら、帰る途中で部下に待ち伏せさせることもあった。切り取った生首は長持ちに入れておき、酒を飲む相手がいないときに取り出して、腐って蛆《うじ》がわいた生首を相手に話をするのだという。

妻子を殺したときは、いきなり誰かを殺したくなって部下に命じて殺させた。しかも翌朝には、殺させたことを忘れていたというから、開いた口がふさがらない。

13 夫の愛人の手足を切断し便所に投棄——呂后 前241?~前180 前漢

中国を統一して漢の高祖を名乗った劉邦《りゅうほう》の糟糠《そうこう》の妻呂后《りょこう》は、皇帝の地位に就くまでは夫に浮気のひとつもさせず、寵愛を一身に受けていた、はずだった。

だが、皇帝になった劉邦が後宮のなかから戚姫《せいき》を選び、第二夫人にしたことで、呂后の人生は大きく変わることになってしまった。

というのも、夫の劉邦は、呂后とのあいだに生まれた男の子孝恵《こうけい》ではなく、戚姫とのあいだに生まれた男の子如意《にょい》を跡継ぎにしてしまったのだ。理由は、孝恵は病弱で、如意は自分に似ている、からだという。

その劉邦が死ぬと、たまりにたまっていた怒りが爆発した。

まだ幼い如意に鴆毒《ちんどく》を飲ませて殺した呂后は、戚姫を監禁したのである。

獄吏とともに監獄に出向いた呂后は、せせら笑いながら獄吏に何かを命じた。念を押すように、ひとつうなずいた獄吏は、戚姫を一糸まとわぬ姿にひんむいた。

獄吏に犯されるのではないかと思い、戚姫は必死に逃げようともがいた。

だが、獄吏にそんなつもりはなかった。持参した斧の柄を右手で握った獄吏は、左手で戚姫の右手をつかむや、肩口から切断したのである。戚姫の絶叫が監獄内に響きわたった。

切断面から滝のように血を放出させたまま、戚姫は床に転がった。

手にした戚姫の右手を放り出した獄吏は、残った左手を振りまわして抵抗するところをつかんで、やはり肩口から切断した。また血が溢れ出た。

逃げようとするが手がないため、よろめいて転んだ戚姫の足首をつかんだ獄吏は、さきほどよりも高く斧を振り上げた。斧は、戚姫の足のつけ根に命中したが、骨のところでガキッという音をたてて止まった。それを引き抜いておなじ個所に斧を振り下ろした。うつむいた獄吏の顔は返り血で真っ赤に染まった。

片足だけになった戚姫が動けなくなったのを確認した獄吏は、こんどは斧を両手で握って振り下ろした。

両手両足を失ったまま血の海と化した床に転がされた戚姫を見て笑みを浮かべた呂后は、さらに獄吏に何かを命じた。戚姫が泣き叫びつづけているので、大声でいわなければ聞こえなかった。

獄吏は、戚姫の右目に人差し指と中指を突っこむと、裏側で指先を曲げて、そのまま眼球をえぐり出した。おなじく左の眼球もえぐり出して、床に叩きつけた。えぐられた目を両手でかばおうと肩口がヒクヒク動き、窪んだ眼窩《がんか》からは真っ赤な涙が溢れ出た。

拷問は、これだけでは終わらなかった。

戚姫の両耳を火で焼き潰して音を聞こえなくさせると、泣き叫んでいる口の奥に薬を流しこんで喉を焼き、声を出なくさせたのだ。目、耳、口の器官を失った戚姫は、全身から血を垂れ流したまま、ただ息だけを繰り返していた。

そんな姿になった戚姫を獄吏に担がせた呂后は、監獄を出て、母屋の便所まで行き、肥《こえ》溜《だ》めのなかに戚姫を投げ捨てさせた。

「これで、あんたは人豚だね」

そういうと、高笑いしながら出ていった。

肥溜めのなかで糞まみれになりながら、戚姫は数日間生きつづけた。

その戚姫の姿を見せられた孝恵は、酒に耽《ふけ》り、女に溺れ、早死にしたという。

14 手あたりしだいに人の鼻を削ぐ――趙高 ?～前207 秦

宦官《かんがん》の趙高《ちょうこう》は、二世皇帝胡亥《こがい》に教育をほどこしながら、この、ひ弱な皇帝に呆れはてていた。

丞相の李斯《りし》と謀って始皇帝の遺言を改竄《かいざん》した趙高は、始皇帝の末っ子の胡亥を二世皇帝に仕立てあげた。傀儡《かいらい》政権を誕生させたのである。

それでも、皇帝としての教育だけはほどこさなければならない。

その日は、刑罰のイロハを教えていた。だが話だけでは飲みこみが悪いと思った趙高は、妙案を思いついた。

下っ端の宦官に、「誰でもいいから連れてこい」と命じた。しばらく待つと、宮城の外を歩いていた商人や農民を連れてきた。何のために連れてこられたのか見当もつかない男たちは、キョトンとして壇上の趙高と胡亥のほうを見上げている。

このふたりが、皇帝とその教育係であることに気づく者はいない。

さきほど命じた宦官に耳打ちした趙高は、

「さあ、これが刑罰というものです」

そういうと、宦官に合図を送った。

連れてきた男たち全員をひざまずかせた宦官は、先頭の男を壇上に向かせると、手にした斧を男の口もとにあてた。男は、これから何をされるのかを悟って、わめこうとした。

そのときである。宦官は、刃先を上に向けた刃を思いっきり跳ね上げた。

男の鼻が根元から切断され、三角形に開いた穴から大量の血が噴き出した。

すでになくなった鼻のあたりに手をやった男は、真っ赤に染まった手を見て目を見開いた。そして目の前に落ちた自分の鼻を拾って、くっつけようと必死になっている。

それを見た趙高が笑いながら胡亥のほうを見ると、胡亥は口もとを、いや自分の鼻を守るように手を持っていっている。

さらに趙高が合図を送ると、宦官は、鼻をくっつけようとしている男の後頭部めがけて斧を振り下ろした。男の首が地面に転がり、切断面から血が噴き出した。

趙高と胡亥のほうにも血潮が飛び散った。

目をそらし、嘔吐しそうになっている胡亥をおさえつけた趙高は、処刑を見つづけるよう命じながら、喜悦の表情を浮かべていた。胡亥の教育のためというより、自分の楽しみのために鼻を削がせているにちがいなかった。

鼻削ぎと斬首の処刑は、連れてきた男たちが途切れるまでつづけられた。

このころ、趙高は何かというと住民を鼻削ぎの刑に処し、村には、鼻のない者がある者よりも多くなり、鼻のある者のほうが肩身の狭い思いをするようになったという。

15　自分を罵《ののし》る男は縛りつけて舌切りの刑――安禄山　705〜757　唐

安禄山《あんろくざん》は、思わぬ病気に悩まされていた。

糖尿病からくる眼病で、さらに悪性腫瘍を併発したのだ。

このころには、悪性腫瘍が眼から脳に転移していたのだろう。とにかく性格が狂暴になってしまって、ことあるごとに誰かを傷つけたくてしかたがなかった。

唐全体の三分の一の兵力を擁する辺境防衛の総司令官にまでのしあがり、玄宗《げんそう》皇帝の妃、楊貴妃《ようきひ》の養子におさまるほどの切れ者として知られた安禄山である。政界の実力者たちを引きずり下ろし、いまや人生の絶頂期にあった。

そんなところに発病してしまったのだ。

安禄山の暴力の対象に選ばれたのは、顔杲卿《がんこうけい》という地方官だった。

ふつうは捕虜になれば投降するものだが、顔杲卿は投降しないばかりか、大声で安禄山を面罵《めんば》したのである。

頭に血がのぼった安禄山は、部下たちに顔杲卿を捕らえるよう命じると、橋脚に縛りつけさせた。そして、みずから水のなかに入っていって刀を抜いた。

それでも顔杲卿は、安禄山への面罵をやめようとしない。

「うるさい！」

目を血走らせた安禄山は、持っている刀を顔杲卿の身体にあてた。刃が皮膚を押した。

プチッと切れると、そこから玉のような血が溢れはじめた。

さらに刃が食いこむと、いやな音がして、皮下脂肪がヌルリとこぼれた。

苦痛のために顔を歪めながらも、それでも顔杲卿は罵倒をやめようとしない。

そのまま刃先を押し切ると、削がれた肉片が音をたてて川面に落ちた。水面に、真っ赤な血と半透明の脂肪が広がった。二カ所、三カ所……と肉が削ぎ落とされ、身体じゅうから血を溢れさせながらも、顔杲卿の口は動きつづけた。

憤怒の表情のまま歯ぎしりをしていた安禄山は、罵倒しつづける顔杲卿の口をこじ開けさせると、そこに刀の先を突っこんだ。安禄山が右手を動かしていると、急に口から血が溢れ出た。安禄山が右手を引き出すと、刀の先にはピンクの舌先が刺さっていた。

顔杲卿は、血を溢れ返らせたまま、口を動かしつづけた。

だが、舌が巻き戻ったのだろう。呼吸困難になった顔杲卿は、縛られているため両手で喉をかきむしることもできないまま、前後左右に首を暴れさせて、血糊を吐き散らした。

それもすぐにやんだ。がくりと首を落とした顔杲卿の口からは血糊が垂れつづけていた。

16　臨月の女の腹を割いて赤ん坊を出す――武烈天皇　生没年不詳　日本

結婚してからというもの、武烈《ぶれつ》天皇は、ある悩みに頭を痛めていた。

いくら妻と交わっても、子供が生まれないのだ。天皇でありながら世継ぎが生まれないのは無能に等しい。こんなことでは、ほかの者に天皇家を乗っ取られてしまう。

そんな苛立ちが日に日に増し、最近は、自分の性格が狂暴になっているのが、よくわかった。いつか越えてはならない一線を踏み越えてしまう、そんな予感がしていた。

そして、その日は意外に早く訪れた——。

武列天皇の前に引きすえられた女は、臨月なのか、大きな腹をせり出させていた。女は、家臣たちに着物を剝《は》がれて全裸にされた。豊満な乳房を隠すことも、両膝を閉じることもできないまま、家臣たちに両手両足をつかまれたまま立っている。

ここで武烈天皇が裸になれば、妊婦と交わる趣味がある変態男ということになるのだが、そんな気配は微塵《みじん》もない。舌なめずりをするどころか、目つきが虚ろでさえある。

武烈天皇は、大きな刀を手にすると、いきなり女の腹を縦に裂いた。

ぱんぱんに張った女の腹は、つるりと剝《む》けるように裂け、脂肪、血、肉、腸が噴き出し、大きく膨らんだ子宮が顔を覗かせた。胎児が蠢《うごめ》いているのが、子宮の表面の動きでわかる。まだ女は生きていた。声にならない悲鳴をあげながら、それでも自分の子を守ろうとするかのように、押さえられた両手を腹に持っていこうとしている。

ようやく視点が定まった武烈天皇は、頰の肉をゆるめると、子宮の表面を器用に裂いた。羊水が溢れ、傷ついていない胎児が姿を現わした。

さらに頰をゆるめた武烈天皇は、まだ臍《へそ》の緒がついたままの胎児を刀で刺してえぐり出し、高々と持ち上げた。臍の緒をたどった先には、血浸しの女が息も絶え絶えになりながら、串刺しになったわが子を見上げていた。

まるで、わが子の誕生を祝福するかのように、武烈天皇は満面に笑みを浮かべていた。

武烈天皇の悪趣味ぶりは、とどまるところを知らない。そのほかにも……。

人の生爪《なまづめ》を一本一本剝いだ両手で土のなかの芋を掘らせ、指先を血まみれにしながら苦しむさまを見て楽しんだ。

人の髪の毛を全部抜いて木に登らせたところで、その木を切り倒した。すると、どんな枝葉にもひっかからず、まっさかさまに落ちてきた。

または人を木に登らせ、まるで射的でも興じるように弓で射って命中率を試した。

溜池に人を放りこみ、水路を流れてきたところを矛《ほこ》で突き刺して楽しみもした。

全裸の女を台の上にうつぶせに寝かせ、台を抱えこむように両手を縛り、さらに尻を持ち上げさせたところで馬と交尾させた。そのあとで女の秘所を調べ、陰水で濡れていれば殺し、濡れていなければ奴婢《ぬひ》としてこき使った。

17　死刑囚の大腸を引きずり出す処刑マニア――朱元璋（洪武帝）　1328〜98　明

明朝の初代皇帝である洪武帝《こうぶてい》こと朱元璋《しゅげんしょう》は、はっきりいって処刑マニアだった。

民衆のあいだで出家して僧侶になる者が増えたときなど、ただ斬首にするのではつまらないと思ったのだろう。地面に穴を掘って首から上だけを出して埋め、身動きができないようにさせたうえで、大きな斧で首を切り落とさせた。

また、生きたまま皮を剝ぐのも得意とした。

だが死刑囚に対しては、妙な処刑法を実行した。

この方法を用いるには、大きな道具を作るところから始めなければならなかったが、死刑囚に苦痛を与え、見世物にするためには、そんな手間は厭《いと》わなかった。

まず、大きな木の棒を地面に横たえ、それぞれの先端に太い縄をしっかりと結びつける。それを高い柱の上まで持ち上げ、中央のところで厳重にくくりつけて横木にする。横木の先端からは、それぞれ太い縄が垂れ下がっている。巨大な天秤《てんびん》が完成したことになる。

その太い縄の片方には鉄製の鉤《かぎ》を取りつけた。

そこに死刑囚が連れてこられる。

いきなり巨大な天秤を目にした死刑囚は、目を見開いて怯える。少なくとも、天秤棒からぶら下げられた鉄鉤を使ってぶら下げられることだけは理解しているようだ。宙ぶらりんで磔《はりつけ》になる。そう思ったにちがいない。

すると執行人が、死刑囚に下半身だけ裸になるよう命じた。

「ズボンを脱ぐので?」

意味がわからないまま、渋々と脱いだところへ、執行人がうつぶせに寝るよう命じ、さらに尻を持ち上げさせた。このあたりから死刑囚はいやな予感がしてくる。

ガラガラと鉄鉤が引っ張られた。執行人は、死刑囚の尻を抱きかかえるように押さえると、鉄鉤を肛門に突っこみ、いきなり大腸の端に鉄鉤を突き刺した。肛門から鮮血が流れた。激痛に耐えきれず、死刑囚が悲鳴をあげた。

だが、ほんとうに悲鳴をあげるのは、これからだった。

死刑囚を押さえつけている執行人ではない、もうひとりの執行人が、もう一方の縄に重しの石をくくりつけていく。

一個で死刑囚の身体が少し持ち上がり、脱肛したように肛門のところが盛り上がった。さらに、二個、三個……と石を括りつけていったとき、何かが切れる音がしたかと思うと、死刑囚の大腸がズルズルと音をたてて引きずり出されていった。まるで天に向かって巨大な糞をしているかのように見えた。

誰も死刑囚の悲鳴など聞いてはいない。引きずり出され、一直線になった大腸に視線が集まった。

大腸がすべて引きずり出され、その持ち主までもが宙づりになったとき、死刑囚はすでに事切れていた。

18 道に延々と並べられた人間串刺しの棒──ヴラド伯爵 1431～76 ルーマニア

ヨーロッパで、ルーマニアのヴラド伯爵ほど感謝され、そして憎まれた英雄はいないだろう。

オスマントルコ軍六万がドナウ川を越えて攻め入ってきたとき、わずか二万のルーマニア軍を率いたヴラド伯爵は、徹底したゲリラ戦法と夜襲で敵を疲弊させ、ついに撃退。ルーマニア最大の危機を救ったのである。

このときヴラド伯爵は、何万という敵の兵士を捕らえるだけでは容赦しなかった。まず両手両足をおさえられた捕虜を一方に立たせ、先の尖った木の棒を脇に抱えた家臣に突進させるのである。木の棒は、捕虜の腹から刺さり、何の抵抗もなく背中から突き出る。突進する勢いがよいほど捕虜の痛みは少ない。悲鳴もすぐにやむ。

だが勢いが悪いと、木の棒は背中まで到達しない。その場合は、せっかく刺さった木の棒を引き抜くのだ。

そのとき、木の棒を追いかけるように血糊、脂、腸が引きずり出される。捕虜は、自分の腹から出てきた臓腑を他人事のように眺めているが、自分のものだと気づくと、たいていは気絶する。

それを持って走らせるのに飽きると、こんどは木の棒を立てた上から捕虜を投げ落とす。うまく腹や背中から刺されれば、おなじ棒にふたり、三人と落とす。そのほうが効率がいいからだ。だが、尻から首に、口から背中に、なかには尻から頭に抜けきる場合は、一本の棒にひとりしか刺さらない。

木の棒には、捕虜の血、脂、腸などがからまり、ゆっくりと地面に向かって流れ落ちる。途中で止まりそこなった血が地面を濡らしてゆく。

このようにしてつくった何千という人間串刺しをどうするのか。

オスマントルコに通じる道の両側にズラーッと立てて並べるのである。なかには、まるで焼き鳥のように火で炙られ、焼けただれた皮膚をぶら下げていた捕虜もいたらしいから、ほとんど地獄絵のはずだ。

この人間串刺しを見たオスマントルコ軍が、怖じ気づいて撤退した可能性は充分にある。

ヴラド伯爵が得意とした殺人方法は、それだけではない。

爪を剝ぎ、肉を削ぐ、手足をバラバラに切断する、塩漬けにする……こんなことは日常茶飯事で、殺した人間の肉を別の者に食べさせたり、母親の乳房を串刺しにして、そこに赤ん坊を押しこみ、いっしょに大鍋で煮たりした。母親の乳房をえぐり取って、そこに赤ん坊を突っこむようなことも平気だった。

このヴラド伯爵が、ブラム・ストーカーの手で「吸血鬼ドラキュラ伯爵」に脚色されたことは、あまりにも有名だが、ヴラド伯爵が生き血をすすっていたという記録は残されていない。

19 大鍋で煮る中国式虐殺法――董卓 ?～192 後漢

わずか九歳の献帝《けんてい》を擁立して自ら首相となった董卓《とうたく》が、一〇〇万人を引き連れて、洛陽《らくよう》から長安に遷都したあとのことだ。

大臣全員が参列した大宴会場に、北のほうの国から投降してきた数百人の投降兵、すなわち捕虜を全員引き出させた。捕虜たちは、これから何が行なわれるのか、まったく知らされていないようすで、あたりを見まわしている。

董卓が合図を送ると、この世のものとは思えないほどの大鍋が出てきた。大鍋には熱くたぎった湯がはられ、盛んに湯気を上げている。これから大宴会に参加できるのではないか、そんな想像をして頬をゆるめた捕虜は、すぐに自分の甘さを思い知ることになった。

鍋の近くには、斧を持った兵士が待ちかまえていたのである。

順番に並ばされた捕虜たちは、遠慮会釈なく、その場で手足を切断され、舌を抜かれた。切断面から血を噴き出させ、口からだらしなく血糊を垂らしたまま、まるで愛着のない置物のように、その場に転がされた。

失血死する前に、心臓麻痺を起こして死んでしまう者、舌を抜ききれずに巻きこんで窒息死する者もいた。

切る兵士も、切られる捕虜も血まみれとなり、大宴会場は文字どおり血の海と化した。

まだ息のある捕虜たちは、目を大きく見開いて、切られた手足を探しているが、血の海のなかで幾重にも折り重なった手足から自分のものを選定するのは至難の技だった。

もちろん、見つけたところで、手もとに手繰り寄せることもできなければ、自分の手足だとわめくこともできない。

バラバラにされた捕虜たちの肉体の部品は、会場に運びこまれた大鍋に、どんどん放りこまれた。ジュッと、いやな音が会場に響きわたった。死んだ捕虜も、まだ息がある者も、熱湯に放りこまれると、苦しそうに肉体を曲げた。

運よく熱湯から顔を出していられた捕虜たちは助けを呼ぶつもりなのか、許しを請うためなのか、声を出そうとするが、舌を抜かれているため、息が抜けるような不気味な音しか出てこない。それでも、その小さな音が重なると無気味な不協和音となり、聞く人の心を逆撫でしつづけた。

会場からは、手にした箸や皿を落とす音、吐く音が、やむことなく聞こえていた。

それでも董卓は顔色ひとつ変えなかった。いや、これこそが宴会だといわんばかりに笑みさえ浮かべていたという。

第3章　皇帝たちの心に潜む「悪魔」

20 国民が震え上がった「雷帝」の処刑ショー——イワン雷帝 1530〜84 ロシア

最愛の妻アナスタシアが死んだとき、イワン四世は人間であることをやめた。

三歳で父を、七歳で母を亡くし、幼くして皇帝の地位に就いてからというもの、それまで両親に尽くしていた側近たちから冷たくあしらわれ、徐々に内側に狂暴性を秘めて育った。それを必死になって抑えてくれたのが、妻のアナスタシアだったのだ。

妻が重臣たちに毒殺されたという噂を耳にしたとき、それまで張りつめていた緊張の糸がプツリと切れた。

妻を毒殺したとされるふたりの重臣を、ひとりは牢に入れて毒殺し、ひとりは孤島の修道院に放りこんで終身刑にしたのを機に、イワンの恐怖政治が幕を開けた。

まず国土の半分を皇帝個人の領土にし、残り半分の領土に貴族たちを追い払った。

皇帝個人領は特別領（オプリーチニナ）と呼ばれ、小貴族のなかから採用した若者たち（オプリーチニク）に給料を与えて憲兵のように働かせることにした。彼らは権力をかさに、侵入し、拷問し、犯し、殺すことを許された。まさに粛清と処刑のための私兵だった。

イワンに処刑を言い渡された者たちは、首を刎《は》ねられ、串刺しにされ、切り刻まれた。

自分の政治に従わない貴族たちを片っ端から処刑するのに飽きたイワンは、こんどは都市ごと殲滅《せんめつ》することを思いついた。

モスクワから、標的にされた都市に行く途中にある町や村は、ただ、そこにあったというだけでオプリーチニクの若者たちに襲われた。家々は侵入され、男や子供は殺され、女は犯されたうえで殺された。皆殺しになった町や村には火がつけられ、木々には殺された者たちが吊るされていた。

目標とする都市に着くと、住民を逃がさないために周囲を柵で囲った。住民を逃げこませないために教会も閉門した。そのうえで、利用価値のある町の名士や商人は自宅から出ないように申し渡した。

処刑の会場になるのは都市の中央にある広場である。そこに一〇〇〇人から二〇〇〇人の住民を家族ごとに入場させた。家族ごとに入場させたのには理由があった。それは住民を苦しめ、イワン本人が楽しむためである。

悲鳴をあげる妻の前で夫を拷問し、泣き叫ぶ子供の前で母親を拷問した。

処刑方法も、さまざまだった。鞭で打ち、眼球をえぐり、鼻を削ぎ、舌を切り、手や足を切断した。なかには、生きたまま巨大なフライパンで焼かれたり、煮えたぎった鍋に放りこまれた住民もいた。

バラバラになった肉は、その都市の野犬たちの餌になった。

また髪の毛をソリに結んで引っ張らせて、氷の張った川に家族ごとに放り投げた。二度と浮き上がらなければそれでよし、割れた氷のあいだから顔を覗かせた家族があれば、槍で突いて殺した。

処刑ショーは一カ月にわたってつづけられ、計六万人が命を落とした。

21 ローマを血で染めた暴君ネロ——ネロ 37〜68 古代ローマ

皇帝ネロは宮殿のベランダでバイオリンを弾いていた。

夜空は、ローマを燃やす業火で真っ赤に彩られていた。

「燃えろ、もっと燃えろ。ローマを焼きつくしてしまえ！」

このときネロは、ローマの街を再建できる喜びにひたっていた。街が燃えれば、汚れきったローマの街を一からつくり替えることができるからだ。

火事の火元は、ローマの中心地にある大競技場の一郭で起きた不審火だった。九日間も燃えつづけ、ネロの期待どおり、ローマの街を半分焼きつくした。

その直後、ネロはローマを壮麗な姿に復興し、自らのために黄金宮殿まで建設した。

だが街では、火事はネロの仕業だという噂が流れていた。ネロが、燃えるローマを眺めながらバイオリンを弾いていたこと、ローマを再建したことが、その理由だった。

「冗談ではない」

そう思ったネロは、当時、民衆に憎まれていたキリスト教の信者を多数捕らえると、十字架に縛りつけて磔《はりつけ》にした。スケープゴートにしたのである。

普通の人間が磔になれば、それまで虚勢を張っていた者たちも許しを乞い、泣き叫ぶ。そんなぶざまな姿を見た市民は処刑を喜び、見せしめに震え上がるのだ。

だが信者たちは、許しを乞うことも、泣き叫ぶこともしなかった。ただ、うっすらと笑みを浮かべているだけなのだ。

怒ったネロは、十字架の下に積んだ薪に火を放たせた。放火には火炙《ひあぶ》りを、である。火炙りにして、泣き叫ばない者はいない。

十字架の下から舐めるように這い上がった火は、信者を足もとから炙っていった。煙が立ち、異臭が漂った。皮膚が破れ、肉が覗き、血が滴った。

だが、それでも信者たちの顔から笑みは消えなかった。

ネロは、内心ゾッとしていた。

「信者たちは火をまったく恐れていないではないか！」

ネロは、こんどは信者を競技場に逃がして、そこに凶暴な犬を放って嚙み殺させた。それでも信者たちは笑みを浮かべたまま、黙って犬に食い殺された。

ネロは、心底呆れていた。そして喜んでいた。たとえ嘘でも放火犯を逮捕できるだけでなく、かねてから懸案だったキリスト教信者たちを一掃できたのだ。

この宗教を撲滅させるためならば、磔だろうが、火炙りだろうが、厭《いと》いはしなかった。

22 ユダヤ人集団虐殺の狂気

——ヒトラー　1889〜1945　ドイツ

また列車が到着した。

詰めこまれた着の身着のままのユダヤ人たちが、つぎからつぎへと列車から降ろされた。ドイツやオランダから乗せられてきたユダヤ人たちは、汗と埃と砂にまみれ、疲れきった表情を浮かべていた。どこに着くかわからないが、強制的に渡された切符に書かれている終着駅というのが、ここなのだ。誰かが駅名を読みあげた。

「アウシュビッツ！」

列車から降ろされたユダヤ人たちは、一列に並ばされた。ナチの制服を着た係官たちが、鋭い目つきでユダヤ人たちを峻別《しゅんべつ》していく。強制労働できる者と、そうでない者。

ここで父親と離れ離れになって泣く子供がいた、その子供を抱きしめる母親がいた。その他大勢の連中は、重い足を引きずって長い道程を収容所まで歩かされた。

収容所に着いたとき、係官が叫んだ。

「おまえたちは汚い。伝染病や病原菌、しらみなどを持っておっては困るから、これから消毒を行なう。着ている服を脱いで浴室に入れ！」

労働力のない老人や、か細い女、子供や赤ん坊が、一糸まとわぬ姿になって浴室に入れられた。下腹部や胸を隠すことなどできないほど詰めこまれた。このところつづいている内戦のおかげで食料がなく、みな、あばら骨が浮くほど痩《や》せている。

全員が入りきったところで、重い扉が外側から閉められた。誰かが扉を押したり引いたりしたが、開く気配はない。閉じこめられたのだ。

部屋から外に突き出した煙突状のものから、何かが入れられた。

それまで騒々しかった浴室内に静寂が走った。だが、それは一瞬のことだった。

喉をかきむしり、胸をおさえる者がいたかと思うと、ばたばたと倒れはじめたのである。

詰めこまれた浴室は、一瞬にして地獄と化した。目を剝《む》いてもがく者、手足を痙攣《けいれん》させている者、口の端から血を垂らしている者、嘔吐している者、息絶えて小便を漏らしている者……など、さまざまだ。

浴室に投げこまれたのは、サイクロンBという化学物質だった。空気に触れれば青酸ガスに変わる凶暴な毒ガスだったのである。体内に吸収されれば、血液中のヘモグロビンと結合して、酸欠状態に陥るのだ。

このアウシュビッツでは一二〇万～一四〇万人、ヨーロッパ全域では五一〇万人から六五〇万人が虐殺された。ホロコーストと呼ばれる狂気の犯罪を指導した人物こそ、アドルフ・ヒトラーだった。

23 毒薬実験に耽《ふけ》った悪徳皇帝――カルロス二世 1332～87 フランス

「なぜ、どいつもこいつも、私が殺したと証言しないのだ？ 妻を毒殺した夫のことが、それほど怖いとでもいうのか。それとも、私が殺したと証言すれば、仕返しに毒殺されるとでも思っているのか。だったら、おまえたちも殺してやろうか！」

いまのフランス西部バスク地方のナバラ王カルロス二世は、エヴルー城の主《あるじ》の部屋で腹を立てていた。

城の一室では重鎮たちが集まり、浴室で急死した王妃の死因を調査している。聞こえてくる話によれば、重鎮たちは「心臓衰弱」による急死と結論づけたらしい。

王妃つきだったド・フォア夫人、ド・サケンヴィル夫人、そのほか大勢の侍女たちは、宣誓までしたうえで、「私たちの監視が不充分でした」と涙ながらに証言しているらしい。

あのときカルロス二世は、妻が浴室のほうに向かうのを確認し、しばらくたってから、小さな瓶《びん》に入った毒薬を持って部屋を出た。

自分の城だから、どこを、どのような目的で歩いていようが、誰に咎《とが》め立てされるようなことはない。だが、浴室のまわりをうろついていると、妻に侍《はべ》っている女たちに何をいわれるかわかったものではない。何とかしなければ……。

そう思ったカルロス二世が、階段の陰から浴室のほうを、しばらく見張っていたところ、たまたま侍女たち全員が、用事ができて出払ってしまった。抜き足差し足で浴室に忍び寄ると、浴室のなかから妻の声が聞こえてきた。ド・フォア夫人かド・サケンヴィル夫人を呼んでいる。だんだん声が大きくなってきた。

妻の声を聞いた侍女たちが戻ってきてはいけないので、カルロス二世は浴室に忍びこんだ。

浴室はベッドルームのように広く、天井も高くて、湯気でくもっている。

浴槽のほうを見ると、泡だらけの妻が背中を向けて湯浴びをしている。

「誰なの？　ド・フォア夫人？　ド・サケンヴィル夫人？」

人が近づく気配を感じて、振り向いた妻の顔が凍りついた。

「あなた、こんなところで何を……」

左手で妻の口を押さえつけたカルロス二世は、右手に持った瓶のふたを開け、すぐさま妻の口にねじこみ、なかに入れておいた水溶性の毒薬を流しこんだ。それだけでは苦く吐き出しかねないので、妻の鼻をつまんで無理やり呑みこませた。

この水溶性の毒は、ジギタリスの葉を擦《す》り潰《つぶ》したもので、少量ならば強心剤になるが、少しでも量を間違えれば心臓を停止させる働きがあるのだ。

妻が動かなくなったのを見計らって手を放したカルロス二世は、そっと浴室を出た。侍女たちの悲鳴が聞こえてきたのは、自分の部屋のドアを閉めるときだった。

ところが、部屋に戻ったカルロス二世は、ある疑問を抱いていた。

なぜ、あんなに都合よく侍女たちがいなくなってしまったのか。誰も戻ってこなかったのか。もしや……主が王妃を毒殺することを予感していながら、黙って見すごしていたのではないか。そしてつぎは、重鎮たちが殺しにくるのではないか。

そう思って、居ても立ってもいられなくなったカルロス二世は、つぎに使う毒の製造を始めるのだった。

24 飽きた女を処刑・幽閉した移り気な王——ヘンリー八世 1491〜1547 イギリス

アン・ブーリンは、小舟に揺られながら涙をかみしめていた。

このテムズ川の北岸には、ロンドン塔が不気味に影を落としている。あの門のなかに運びこまれた囚人は、二度とふたたび生きて出ることがないといわれているのだ。

アンは、なぜ自分がこんな目にあわなければならないのか、不思議でならなかった。

「ただ、女の子を産んだだけなのに……姦通罪だなんて」

そういえば、ヘンリー八世と結婚したときも大騒ぎだった。

すでにヘンリーには、キャサリンという妻がいた。ところが、ヘンリーがローマ教皇の特別免許をもち、キャサリンが神聖ローマ帝国の皇帝カール五世の伯母だったりしたものだから、離婚するだけで大騒動だった。結局、ヘンリーはローマ教皇権を取り上げられ、歴史に名を残す宗教改革が断行されてしまった。

そもそもキャサリンにしても、ヘンリーの亡き兄の嫁だったのだ。おかしな趣味があるのかと思ったが、そのことについては強くいえない経緯がアンにもあった。じつは、アンの姉メアリーもヘンリーの愛人だったのだが、妹のほうに目移りし、妊娠させてしまったのだ。姉妹を抱いているということに、ヘンリーは興奮していた。

しかし、ヘンリーの愛も子供が生まれるまでだった。男の子を産まなかったという理由で、姦前のキャサリンのときもそうだったらしいが、誓って姦通なんかしていない。

通罪にされてしまったのだ。もちろん、誓って姦通なんかしていない。


「宗教改革までして……あれだけ可愛がってくれたじゃないの」

何をいっても、とりすがって泣いてもムダだった。

すでにヘンリーは、ジェーン・シーモアという女性に心を傾けてしまっていた。

姦通したからなんてとんでもない。女の子を産んだからというのも口実にすぎない。ただ、ほかの女に目移りしただけなのだ。つねに新しい玩具《おもちゃ》を欲しがる子供のようなもの。

「そんな男に、ころっと騙された私がバカだった。きっとジェーンっていう女も、私みたいに一時の感情で抱かれるだけ抱かれて、捨てられるのよ」

そう思うアンを乗せた小舟は、吸いこまれるようにロンドン塔の門をくぐっていった。

アンの予感は、なかば当たっていた。

三人めの妻ジェーン・シーモアは病死。

その後、ドイツのクレーフェのアンを四人めの妻に迎えたが、ただちに離婚。

五人めにキャサリン・ハワードを迎えたが、姦通罪で処刑。

六人めのキャサリン・パーと結婚した。キャサリン・パーと結婚したいがために、キャサリン・ハワードを姦通罪で処刑したことは明白だった。

また、エリザベス・ブラントも愛人だったという。

25 淫乱女を好んだ女漁《あさ》りの王――アンリ四世　1553〜1610　フランス

「盛りがついた猫」とは、こんなことをいうのかもしれない。

誘われるまま狭い簞笥《たんす》のなかに入りこんだアンリ四世は、洋服に埋もれながら媚びた目を向けるアンリエットを脱がしにかかった。一刻も早く交わらなければ死んでしまうのではないか、そんな雰囲気がふたりのあいだに漂っていた。

狭い簞笥のなかで犯されることに、アンリエットは異常な興奮を示した。ふたりの汗で肌が滑り、化粧が匂った。

アンリエットが好きな場所は、簞笥だけではなかった。散歩と偽って城の庭に出て、木陰の芝生の上で獣のように交わることもあれば、池のボートの上でアンリエットを膝に乗せることもあった。

ベッドの上のように、激しい体位をとることも、大きな声をあげることもできないが、そんな状況がアンリエットを興奮させるようだった。というよりも、セックスさえできれば、どこでもよかったのだ。

アンリ四世にとって、そんなアンリエットは理想の女だった。

アンリ四世の好みのタイプは、はっきりしていた。

色白で、金髪で、眼はブルー、鼻筋はすっきりしていて、ルビーのような唇。胸は豊かで、尻は上向きで高く盛りあがっている。しかも頭が切れ、セックスが好きなこと。つまり、顔は端整で、肉体は豊満で、頭がよくて、淫乱な女が理想だった。

アンリエットに出会う前にも、理想に近い女はふたりいた。

ひとりは、ギーシュ公爵夫人だった。当時三〇歳の女盛りの、この人妻は、理想の女の条件をクリアしたうえに、あっちの感度が抜群だった。不倫・離婚騒動のあげく結婚したが、アンリ四世の女漁りがすぎて破局に終わった。

もうひとりは、ガブリエル・デストレという、とにかく美貌の持ち主だった。ただ、ひとつだけ欠点があった。淫乱の度がすぎ、アンリ四世だけでは飽き足らず、若い男を城に引きずりこんではベッドのなかで痴態を繰り広げた。昼間、誰と浮気をしようが、夜は夜でアンリ四世の前に肉体を投げ出した。まったく手におえない女だった。

だが、ある日、ガブリエルは急死した。妊娠しており、なおかつ毒物死と判定された。

ガブリエルを失ったアンリ四世の前に現われたのが、アンリエットだった。ガブリエルに負けず劣らず淫乱だったが、浮気をするような女ではなかった。ただ、頭が切れるだけに高慢で悪賢いところがあった。自分との結婚を条件に多額の金を要求したのである。アンリエットに溺れているアンリ四世は、その金をつくるためにイタリアのメディチ家のマリーと結婚しなければならなかった。はっきりいって醜女《しこめ》で、体型も樽《たる》のようで、セックスも下手だった。

この結婚が、かえってアンリエットを刺激したらしく、前より増して淫乱となり、人前であろうがなかろうがセックスを迫るようになった。

結局、ふたりとも男子を出産して皇位継承争いに発展していくのだが、それでもアンリ四世は女漁りをやめなかった。城のなかに、金目当ての妻と淫乱な愛人がいるにもかかわらず、城の外では、ジャクリーヌ・ド・ビュユ、シャロット・デゼッサールのふたりの愛人と情事を重ねていた。

26 死体観察が趣味の変態王――ピョートル大帝 1672～1725 ロシア

よくいえば、好奇心旺盛な皇帝だった。どんなところにも顔を出した。また、何にでも手を出さなければすまない性格でもあった。

サナダムシに悩まされている部下がいれば、ズボンを脱がせて後ろ向きにさせ、肛門に中指を突っこんでサナダムシを指先でひっかけ、少し引きずってきたところで親指を添えて、ズルズルズルと引き出して、その白く長い虫を観察した。

また虫歯で痛がっている部下がいると、ペンチを使って強引に引っ張り抜いた。まだ血がついている歯の長い根の部分を観察すると、自慢の袋に放りこむのだ。その袋には、自分が抜いた歯がいっぱい入っていた。

なかでもピョートルが興味を示したのは、死体だった。

処刑があると聞くと、駆けつけて立ち会った。敵や罪人の首が刎《は》ねられると、いのいちばんに駆け寄り、血が噴き出し終わるのを待って断面を観察した。

「断面中央にあるのは脊椎だな……ああ、これが筋肉か……ここにぶら下がっている糸みたいなのは神経か……」

そういいながら、右手の中指と人差し指で、死体の断面をブジブジと触りはじめるのだ。まるで女性の陰部に指を突っこんでかきまわしている、そんな感じなのだ。

もちろん解剖室にも出入りした。

医師がメスを握るのを子供のように見ていて、首から下腹部までまっすぐ切り下ろされると、身体を乗り出して見た。臓腑特有の臭気が漂っているというのに、何も気にしていない。

そして、また、うれしそうに解説を始めるのだ。

「皮下脂肪というのは、すごいもんだな……はは あ、このあばら骨が心臓とか肺とか守っているのか……ちょっと、この胃袋開けてみろ」

医師が迷惑そうに胃袋にメスを走らせると、また違う臭気が鼻をついた。

「うわっ……何食わせてたんだ、臭えなあ」

そういいながらも、臓腑のなかに指を突っこんで、クチャクチャかきまわしている。

そのうち腸を「長い長い」と感心しながら引きずり出し、そのへんにばらまいた。

また腸にメスを入れさせては、消化して便状と化している内容物を見て、「こりゃ、まるでウンコだな」とうれしそうに悲鳴をあげた。

ピョートル自身が楽しんでいるぶんには、周囲も苦笑いして見ているしかなかった。

だが、おつきの貴族に命じて、死体の皮膚にかぶりつかせ、その味を報告させるにいたっては狂気としかいいようがなかった。

報告を終えた貴族たちが青い顔をしながら嘔吐するのを見て、また大笑いするのだった。

27 背徳の異常性欲に身をまかせた皇帝——カリグラ 12〜41 古代ローマ

カリグラほど冗談が通じない皇帝はいなかった。

本人は正常のつもりかもしれないが、被害をこうむる側からすれば、狂っているとしかいいようがなかった。

自分の純金像をつくらせるとか、長い裾のけばけばしい衣装を身にまとったり、女モノの靴を履いたり……こんなことは誰に迷惑をかけるわけでもないからいい。

許せないのは、ここから先の話だ。

カリグラが病気になったときのこと、ブリウス・ポティトゥスという市民が誓った。

「皇帝の病気が快癒するためならば、一命を投げうってもかまいません」

それを言葉どおり受け取ったカリグラは、病気が全快すると、ポティトゥスを連れてこさせてリボンで飾り立て、ローマの群衆に町じゅうを引きずらせた。長時間引きまわされて血だらけになった彼が引き出されると、カリグラは笑みを浮かべながらいった。

「死んでもいいといったはずだよな」

そこで砦《とりで》の上まで連れていった。

それで、「さらばだ」と高らかに謳《うた》いながら、ポティトゥスを思いっきり突き落とした。どんどん小さくなる悲鳴を聞きながら、カリグラは、じつに愉快そうだった。

それでも、ポティトゥスが死んでいないことを知ったカリグラは耳もとでささやいた。

「こんどこそ死なせてやるからな」

そういってポティトゥスを焼き殺し、約束を果たさせた。

カリグラの狂態は、これだけではなかった。

元老院議員たちに「馬車のうしろについて走れ」と命じておいて、全速力で馬車を走らせ、苦しむ議員たちを見て笑ったり、執政官に馬を任命したり、盃に溶かした真珠を注いで飲み干したり、神にささげる動物のかわりに祭司を指名して「今日は、おまえが捧げられる番だ」と笑ったり、夫人の目の前で女を犯したり……。

犯すといえば、カリグラはセックスのうえでも狂っていた。

カリグラは、自分のセックスをショーに仕立てて人前に晒《さら》していたのだ。

テーブルの上に妻を仰向けに寝かせて、まずは正常位で普通に交わる。そこまでは周囲の者も好奇の目で見ていられた。だが、それからが異常だった。

気をやって、ぐったりしている妻の裸体の上に姉妹たちを寝かせると、まるで交互に試食するかのように順々に交わった。つまり上下に並んだ複数の女性器に、猛った男根を埋めはじめたというわけだ。

この姉妹たちは、カリグラに処女を奪われてからというもの、昼といわず夜といわず、性の奴隷としてこき使われていた。いつ、いかなるときでも、カリグラの要求だけは拒むことができなかった。いや、このごろでは、背徳の性欲に身を任せてしまっていたというほうがいいかもしれない。

セックスショーの淫靡《いんび》な会場には、姉妹たちがあげる喜悦の声と、下敷きになった妻が悶絶する声、さらにカリグラの雄叫びが、いつまでも響きわたっていた。

28 毒殺恐怖症の被害妄想皇帝——アブデュルハミド二世 1842〜1918 オスマントルコ

自業自得というべきだろう。

かつてアブデュルハミド二世は「赤いスルタン」と恐れられていた。オスマントルコを阿鼻叫喚の巷《ちまた》に変えた暴君は、虐殺された死体から流れ出る血、切り落とされた生首の切断面を覗いてまわることを無上の喜びとしていた。

だが、その狂った暴君アブデュルハミドは、いまや見る影もなかった。すっかり怯《おび》えきり、少しでも相手の言葉にひっかかると、上着のポケットにしのばせた拳銃に手が伸びた。顔面に銃口を突きつけられた側近は少なくない。だが、それらもすべて、怯えからきている所作であることは、誰もが知っていた。

あれは、いつごろからだっただろうか。起きては怯え、寝ては悪夢にうなされるようになった。

そのため彼の周囲は、過剰なほど警備が厳重になった。三人だったSPが、五人になり、一〇人になり、二〇人になった。彼が歩く周囲数十メートルには民衆は近づけなかった。彼を恨む者に撃ち殺されたり、刺し殺されたりしないための予防だった。

警戒態勢は、公務だけでなく、日常生活でも異常だった。

彼の行く先々には消毒剤が置かれ、何をするのでも、すぐに手を洗った。これらは、すべて毒殺の予防だった。手紙や書類に毒が塗られているのではないか、建物の手すりに毒が塗られているのではないか……。

アブデュルハミドがいちばん恐れたのは、毎日の食事だった。食事に毒が盛られることをもっとも恐れていたため、食卓にはつねに下剤が置かれていた。おかしくなったら、すぐに処置しようという考えなのだ。

あるとき占い師に見てもらったところ、

「水だけ飲んでいるかぎり、君主の地位は守られる」

と聞かされた。そうとなれば、実行が早い男だった。

そのあとの食事からは、澄んだ水と熱いコーヒーしか口にしなくなった。水を汲みに行かせるのでさえ、側近中の側近に行かせた。放っておけば自分で汲みにいきかねなかった。

当然、水だけで生きていけるはずがないので側近が心配になって注意すると、水を沸騰させて、コーヒーだけは飲むようになった。コーヒー豆は自分でひき、自分で抽出していた。もちろん水を飲むグラスも、コーヒーを飲むカップも厳重に洗われてからでなければ使わせなかった。

この狂った暴君を、ある人は恐れ、ある人は罵《ののし》り、ある人は鼻で笑った。

29 ワーグナーに心酔し心を病んだ幽閉王――ルートヴィヒ二世 1845～86 ドイツ

芸術家が、自分の芸術を保持するためにパトロンに経済的援助を求めることは必要なことだし、多少の忍耐ぐらいは我慢しなければならない。

だが、その芸術を独占されることは大いなる苦痛をともなうことになる。

ドイツを代表する作曲家のひとりワーグナーは、五〇歳を超えたころに招かれた先でバイエルン国王ルートヴィヒ二世に会ったとき、熱烈な歓迎ぶりにうろたえてしまった。

えてしてパトロンを申し出るお偉いさんは、その芸術家のパトロンであることを吹聴《ふいちょう》し、威張り、芸術を強要する。だがルートヴィヒ二世は違っていた。

ルートヴィヒ二世は、ワーグナーが作曲したもののファンというだけではなく、ワーグナー自身に興味をもっていた。もっと、はっきりいえば、興味をもっているだけではなく、心酔し、個人的なつきあいを深めようとしていた。それは否定すべきことではないが、歓迎できるものでも、けっしてなかった。

友人として親しげに寄り添ってくるルートヴィヒ二世が童貞で、同性愛の好みがあるという噂は耳にしていたが、あえて聞かなかったことにした。熱い視線を感じることもあったが、ただのパトロンだと割りきって考えるように努力するしかなかった。

いやな話は、ほかにも聞いていた。

ノイシュヴァンシュタイン城でワーグナー音楽の演奏会が開かれたとき、だだっ広い会場に観客はルートヴィヒ二世ひとりだけだった。がらんとした会場に、ぽつねんと坐っているルートヴィヒ二世を前にすると、演奏家たちは恐怖に足がすくんだという。

ここまでならば、ワーグナーも我慢できた。

だが、ルートヴィヒ二世のワーグナー狂いを新聞が書き立てたときには腹が立った。ワーグナーのことを、金のかかる愛人にたとえたり、はたまた男色関係にあるなどとスキャンダル記事に仕立てられると、返す言葉さえ失ってしまった。

つまらないことで疲れることに嫌気がさしたワーグナーは、城を出るしかなかった。

精神障害の診断を受けたルートヴィヒ二世は、側近たちから退位を迫られて、塔からの投身自殺を図ったが失敗。とうとうベルク城というところに幽閉されてしまったという。

この話を聞いたとき、ワーグナーは怒りと悲しみに打ち震えた。

そこまでしなくても、と思った。

だが、ルートヴィヒ二世が、専属の医師と散歩の途中、池で溺死したと聞いたとき、心のどこかでホッとしている自分が恐ろしくてならなかった。

第4章　偉大な権力者に秘められた悪行

30 四六〇人の学者を生き埋めにした皇帝——始皇帝 前259〜前210 秦

始皇帝《しこうてい》は名前ではない。秦の三一代目の王で、中国で最初の皇帝だったことから「始」皇帝と呼び習わされているにすぎない。「姓を嬴《えい》、名は政《せい》、人呼んで始皇帝と発します」というわけだ。

始皇帝は、とにかく、やることが派手だった。

東西六七五メートル、南北一一三メートル、一万人が坐ることができる宮殿を中心に置いた阿房宮《あぼうきゅう》、七〇万人を動員して造らせた自らの驪山陵《りざんりょう》、そして敵国の侵入を阻止するために建造された万里の長城……。

その始皇帝が皇帝の権力を利用して行なった残虐な行為が「焚書坑儒《ふんしょこうじゅ》」だ。

始皇帝がもっとも恐れたのは反逆者だった。自分が皇帝でありつづけるためには、国家転覆などといった危険な思想はなくしてしまわなければならなかった。

その根元になるのが書物である——というので始皇帝は、国じゅうの書物という書物を没収して焼き捨てた。

ただし例外はあった。医学、占い、農業をテーマにした実用書だけは没収しなかったのだ。これには理由があった。医学書がなければ病人が増える、占いの本がなければ国民の生活方針が定まらない、農業書がなければ食糧を確保できない。

人間として最低限度の生活をいとなむための本だけは焼かなかった。もちろん、自分のブレーンである御用学者の書物も没収しなかった。

いっぽう坑儒というのは、学者を生き埋めにした事件のことをいう。

不老長寿を得ようとしていた始皇帝は、神仙術に長《た》けた方士の徐市《じょふつ》（徐福《じょふく》）にすすめられるまま大金を投じて仙薬を探しに行かせるが、この旅は徒労に終わる。それでもこりない始皇帝は、やはり方士の盧生《ろせい》に捜索を命ずるが、これも失敗。

だが鳴り物入りで出かけた手前、素直に謝れなかった盧生は、言い逃れをしたり責任をなすりつけあったりしたあげく逃亡してしまった。

これを知った始皇帝が激怒したのはいうまでもない。

方士や学者をイモヅル式に捕まえさせた始皇帝は、四六〇名を生き埋めにすることを思いついた。あらかじめ巨大な穴を掘らせておいた始皇帝は、そこに方士や学者たちを入らせた。底に立っても、地面を見上げられないほどの深さがあった。

穴のなかに立たされた方士や学者たちは、両手を挙げ、声を荒げて助けを請うた。だが、どんなに抵抗しようとも悪態を吐こうとも、始皇帝は冷たく笑うだけだった。

家臣に命じて、掘り出させた土を埋め戻させた。

頭から容赦なく降ってくる土は、くるぶし……膝……腰……胸と埋めていく。やがて口まで届くと、方士や学者たちは空を見上げながら助けを請うた。口のなかが土でいっぱいになっても声を出しつづけた。

声はどんどん小さくなっていった。穴を埋め戻している家臣たちは、助けを呼ぶ声に怯《おび》え震えたが、その手を休めることはできなかった。手を休めようものなら、こんどは自分がどんな目にあわせられるかわからないからだ。

31 得意の騙し討ちで側近の首を斬る——曹操 155〜220 魏

「三国志」の幕を開けた人物として知られる魏《ぎ》の曹操《そうそう》は、若いときから策略にたけた非行少年で評判が悪かった。しかも、人を騙し討ちするのが得意だった。

周囲の者に自分を英雄視させるためにホラを吹きつづける、そんな毎日だった。あるとき宴会の席で、曹操は「自分は暗殺者を見抜くことができる」といった。

もちろん、いった以上は、ペテンだろうが何だろうが、実行しなければならない。

そこで、曹操は側近のひとりを呼んで、こういった。

「明日、刃物を隠して持ってこい。そこで、おまえの服を調べさせる。刃物が出てくる。おまえは暗殺者というわけだ。そこで、おれは、おまえを処刑する真似をする」

側近の男が怯えたように見上げると、曹操はやさしい声でいった。

「心配するな。真似をするだけだ」

翌日、曹操の命令を聞いて、側近が刃物を隠し持ってきた。すると曹操が、

「このなかに、わしを殺そうとしている者がいる」

といって、側近を捕らえさせた。

さっそく身体検査をすると、刃物が出てきた。

側近は、ときどき曹操のほうをうかがいながら、いかにも見つかったことを悔しがるように抵抗してみせた。迫真の演技だった。ここまでは、打ち合わせどおりだった。

だが、つぎの瞬間、曹操の口から信じられないような言葉が放たれた。

「その者を処刑してしまえ！」

あらんかぎりの怒気を含ませた曹操の声に、側近は震え上がった。お芝居にしては、声が真に迫っている。

まだ芝居だと信じていた側近は、曹操の目を見て驚愕した。曹操の目には側近のことなど映ってはいなかった。ただ狂気に走っていた。

「話が違います！　真似をするだけだといったじゃないですか！」

側近は、怒りを露わにして叫んだ。

「助けてください！　助けて……」

とうとう命乞いを始めた側近を見た曹操は、フッと笑みを浮かべ、大刀を払った。

側近の首は宙を舞い、音をたてて床に落ちた。見開かれた側近の目は、曹操のほうをじっと睨《にら》んでいる。その首に、血のシャワーがたっぷりと注がれた。

噴き出る血の勢いが弱まったとき、ようやく側近の胴体がぐらりと倒れた。

曹操が得意とする完全なる騙し討ちだった。

32 美女の首を塩辛にしようとした王――紂王　前11世紀　殷

「欲望とは、じつにかぎりないものだ」

自分のために建造させた離宮の広大すぎる庭園を見やりながら、殷《いん》の紂王《ちゅうおう》はひとりごちていた。

隣では、寵愛する妲己《だっき》がつまらなさそうに、あくびを嚙み殺している。もともと妲己という女は、征伐した有蘇《ゆうそ》氏から献上されてきた女だ。たぐいまれなる美女というが、それは妲己のためにあるような言葉だ。

それまで、ずいぶん女を取り替えてきた紂王だが、この妲己には惚れた。それこそ、妲己のためならば何でもした。財宝が欲しいといえば、金にあかすことなく世界じゅうからかき集めた。動物を飼いたいといえば、珍しい動物をそろえて庭に放し飼いにした。

その妲己が、何がつまらないのか、このところご機嫌斜めなのだ。何とかしなければならない。そう思った紂王は、新しい趣向のための突貫工事を行なわせた。

その完成披露の宴会が、いま、始まろうとしている。

庭に掘った大きな池には、水ではなく酒を注がせた。その周囲には樹木を植え、その樹木には干し肉をぶら下げて肉の林にした。そこへ、何千人という全裸の男女を放ったのだ。飢えた男や女は干し肉を食らおうと飛び上がり、池の酒を浴びるように飲み、酔ったものは池に落ちた。

腹が満ち、酔った男たちが下腹部のものを怒張させたまま女たちを追いかけると、あちらこちらで悲鳴があがった。やがて追いつかれ、組み敷かれた女のまわりには、男たちが蠅《はえ》のように群がった。悲鳴は喜悦の叫びとなった。

そんな光景があちらこちらで見られた。食っては飲み、犯しては食うのだ。

横で酒を飲みながら酒池肉林の光景を見ていた妲己が、愉快そうに笑いながらしなだれかかり、その手を紂王の腕に絡ませはじめた。自分を悦楽の世界へいざなえ、と催促しているのだ。紂王は、妲己が退屈していないことを内心喜んだ。

だが反対側に侍《はべ》っている側室が、いまにも吐きそうに顔を歪めているのを見た紂王は気分を害された。この女は、紂王の側近の娘だったところを、美人であるため側室にしていたのだ。だが、こんなところで不景気な顔をされたのではたまったものではない。

紂王は、口もとをおさえている側室を、その場から連れ出させた。それを見ていた側室の父である側近は、顔を青ざめさせながらオロオロしている。

酒池肉林の狂乱に満ちた大宴会を見下ろしながら、興奮した妲己を抱いた紂王は、席を外した。連れ去らせた側室のところに向かったのである。

紂王のあとから、側室の父が許しを請いながらついてきた。自分の娘が青ざめた顔のまま地面に坐らされているのを見た側近は、娘をかばうように坐り、涙を流しながら両手を合わせ、紂王のことを拝みはじめた。

そんなことをしても、害された気分がおさまるわけではない。

大刀でいきなり側近の首を刎《は》ねた紂王は、返す刀で娘の首まで刎ねた。ふたりの胴体からは血が勢いよく噴き上がった。地面に転がった首は、何が起きたのか信じられないといった表情を浮かべている。

「塩漬けにして塩辛でもつくっておけ」

そういいおいて、何事もなかったように席に戻った紂王は、眼下で繰り広げられる男女の痴態に目を細めながら、酒をあおりはじめた。

33 許しを乞う女子供も撫で斬り――織田信長 1534～82 日本

「許せぬ！」

兵を率いて比叡山に向かいながら信長は、何度もうめくようにつぶやいた。

比叡山の悪僧たちは、女に耽り、魚や鳥を食らい、商売にうつつを抜かし、あろうことか浅井《あさい》長政《ながまさ》・朝倉義景《あさくらよしかげ》と謀り、京に乱入した。僧は修行をしておればいいのであって、政治に介入することなど許されるはずがないのだ。

山裾の坂本の町から攻め入った信長は、根本中堂《こんぽんちゅうどう》、山王二十一社をはじめとする比叡山じゅうの建物という建物を焼き払った。建物から裸足のまま逃げ出した者たちは、うろたえながら右往左往し、取るものもとりあえず山王《さんのう》日吉《ひえ》神社の奥社めがけて駆け上がっていき、逃げこんだ。

だが、攻めるほうからすれば手間が省けた。奥社を取り囲んで火をかけ、思わず逃げ出した者は片っ端から撫で斬りにした。奥社から出てこなかった者は、炎に包まれながら焼け死んだ。断末魔の叫びが、夜のしじまに溶けこんでいった。

あまりの残虐さに怯えた家臣たちが、高僧や女、稚児《ちご》を引き連れて、信長のところへやってきた。この女というのは、僧たちの夜伽《よとぎ》をする商売女である。

「この者どもに罪はありません。どうかお助けいただけませんか」

連れてこられた者どもは、必死に両手を合わせるや土下座をして詫びた。

「何を謝ることがあるというのだ。ふ……ちょうどよかった」

不気味に笑った信長は、いちばん端で土下座をしている高僧の顎をつかんで顔を上げさせると、にこりと笑い、いきなり首を刎ねた。血飛沫《ちしぶき》が舞い、首が地面に転がった。

それを見た女たちが、狂ったように悲鳴をあげた。

「ええい、うるさいわ」

憤怒の形相になった信長は、悲鳴をあげている女たちの首を斬った。悲鳴がやんだ。

さらに怯えて小便を漏らしている稚児たちを振り返ると、無表情のまま刀を振るった。

命を助けようと思って連れてきた家臣たちは、顔を青ざめさせながら低頭しているよりほかなかった。ここで止めようものなら自分たちが斬られることは、重々承知していた。

比叡山から立ち上った紅蓮《ぐれん》の炎は天を焦がし、信長軍が歩いた跡に積まれた何千という死体を煌々《こうこう》と照らし出していた。ある者は苦しげに両手を伸ばし、ある者は恨めし気に炎を見上げていた。

焼け落ちた堂宇の跡では、真っ黒こげになった死体が無造作に重なり、ブスブスと音をたてていた。

34 甥の一族すべてを処刑した殺生関白——豊臣秀吉 1537〜98 日本

そこまでしなくても……という声はたしかにあった。

始末しなければならないのは、残虐な殺人を繰り返して「殺生《せっしょう》関白」などというニックネームをつけられた甥の豊臣秀次《とよとみひでつぐ》だけで、何も妻妾、子供まで処刑することはないのではないか、と。

たしかにそうかもしれないが、豊臣秀吉には、ひとつだけ決めたことがあった。

それは……「殺生関白」秀次の血を絶やさなければならない、ということだ。そのためには、男児・女児関係なく子供は始末しなければならない。

正室や側室の腹には子胤《こだね》が宿っているかもしれない。だから、秀次の妻妾、子供すべてを処刑してしまわなければならないのだ。すでに秀次とその側近は切腹している。

――いま、早朝の三条河原は、ものものしい雰囲気に包まれている。

処刑に携わる奉行は、前田玄以《まえだげんい》・増田長盛《ましたながもり》・石田三成《いしだみつなり》の三人。三条河原には総勢三〇〇の軍勢が厳重な警戒態勢に入っている。主会場には、約三六メートル四方の穴を掘り、垣根を張り、少し離れたところに塚をつくって秀次の首を置いている。

そこへ二〇余人の妻妾とその子供たちが引き立てられてきた。みな、白装束に身を包んでいる。その哀れな姿を目にした見物人のあいだから、すすり泣く声が聞こえてくる。

五〇歳ぐらいのひげをはやした執行人が現われると、「私から殺してください」と我先《われさき》に駆け寄る者、少しでも生き長らえようとする者などいて、河原には泣き声が乱れた。

だが執行人は、そんな願いなど聞き入れることなく仕事を始めた。

まず執行人が手を伸ばしたのは、妻妾に抱かれた男児だった。執行人は何の感情すらもちあわせていないかのように、男児の胸をめがけて刀を二度刺した。

さらに妻妾の手から女児を奪い取ると、やはり二度刺して、そのへんに投げ捨てた。

妻妾たちのなかから悲鳴と絶叫の声があがった。

まずは子供から、ということだけは決まっていたらしい。

子供を殺し終えた執行人は、並べられた妻妾たちの首を端から順番に落としていった。

首を斬る音、骨が断たれる音、血が噴き出す音……が朝の河原に染みわたった。

子供が混ざっているとはいえ、三〇人近い人間の血があたりに飛び散ったのである。河原の小石、砂利、土はおろか、鴨川の水面まで真っ赤に染まった。

その間、三人の奉行はもちろん豊臣秀吉も眉根ひとつ動かさず、河原で繰り広げられる処刑劇を、ただ、冷静に見守っていた。

35 キリシタンをじわじわ焚き殺す残酷刑――徳川家康 1543〜1616 日本

大坂の陣で豊臣家を滅ぼした徳川家康のもとに、いやな噂が耳に入った。

長崎代官の村山東庵《とうあん》の息子が大坂城と誼《よしみ》を通じ、あろうことか武器弾薬を送って豊臣秀頼を助けたというのだ。

長崎といえば、徳川幕府お膝元の関東、京・大坂をかこんだ近畿、幹線街道である東海道筋、米作地帯の出羽・越後、鉱山のある佐渡・但馬生野《たじまいくの》・石見《いわみ》大森、山林のある飛騨、商業都市大坂などと並ぶ、政治・軍事上きわめて重要な直轄地である。

しかも、村山東庵は天主教徒（キリスト教徒）というではないか。その天主教徒が豊臣秀頼を擁護していたとあっては聞き捨てておくわけにはいかない。

さっそく長崎代官の村山東庵を斬殺させた家康は、天主教弾圧に乗り出した。

細川忠興《ただおき》の家臣数名を斬罪にしたのは、小手調べだった。

つぎに、江戸においては、「ファラモン」と名乗る旗本以下五〇余名を郊外に連れ出して、焚殺させた。さらに豊後においては、「ジュアン」と名乗る河合喜右衛門以下、男二三人、女九人を焚殺《ふんさつ》させた。

この焚殺というのは、西洋にあるような火炙《ひあぶ》りではない。読んで字のごとく、焚き殺すのである。

まず、殺される天主教徒を立たせると、首縄、腰縄、太股縄、足首縄で身体を縛って角材に結びつける。その際、燃えながら縄がほどけたりしないように、縄のあいだに泥を塗りこんでいく。足もとには、薪が結わえて置かれている。

さらに、身体を覆うように鐘型の輪竹をかぶせ、その上から二重、三重に藁《わら》をかける。天主教徒を見えなくさせているのではない。燃えやすくするためだ。

そして火をつけるわけだが、家康は執行人に対して、ひとつだけ注文をつけた。慢火《ゆるび》にしてくれと命じたのである。

普通に火をつけると、早く燃えて、藁のなかに入っている者が早く死んでしまうのだ。それではおもしろくない。ゆっくり、ゆっくり、調理するように、ゆるく殺すのだ。

そのためには、縄を何重にも縛らなければならないし、泥の量も増やさせた。なかなか身体が燃えつきないように藁の数も増やすよう命じた。

火をつけると、藁のかたまりが燃えはじめた。それだけでも、天主教徒は熱いのだろう。苦痛を耐えるのがわかった。足が熱くても、背中が熱くても、身体をよじることすらできない。

まず初めに燃えはじめたのは足だった。あたりに異臭が漂いはじめた。

さらに髪の毛、腕の皮膚、足の皮膚……と藁に近いはしから燃えていく。

ゆっくり、ゆっくり……藁がすべて燃え尽きたころには、苦悶の表情をした天主教徒の黒焦げができあがっている。

36　父の後妻を襲い、父の首を刎ねた皇太子――煬帝　569～618　隋

ブレーンの楊素《ようそ》から連絡を受けたとき、楊広《ようこう》（のちの煬帝《ようだい》）は、わが耳を疑った。隋の文帝《ぶんてい》こと父楊堅《ようけん》が、廃太子になっている兄楊勇《ようゆう》を呼び寄せようとしているというのだ。

冗談ではない。そんなことになれば、これまでの苦労が水の泡となってしまう。

そうは思いながらも、やむをえないか、と妙に納得しているところもあった。

つい数日前のことである。

病的にまで潔癖症な独鈷《どっこ》皇后の尻に敷かれていた楊堅が、妻が死んだとたんに女にうつつを抜かしはじめ、後宮のなかでも、とびきりの陳夫人が後妻におさまった。

なんで、あんな美人を親父が……そう思っていた楊広は、父楊堅が再起不能の病にかかったのを幸い、陳夫人を別室に呼び出して、その場に押し倒した。男と女である。押さえこめば、あとは、なるようにしかならないと油断したのがいけなかった。いきなり楊広の股間に蹴りを入れた陳夫人が、楊堅の病室に逃げこんだのである。

自分の女に手を出した息子を父親が許すはずがない。ましてや、自分を偽って潔癖症だった母独鈷皇后を騙し、長男楊勇を皇太子の座から蹴落とした男なのだ。

このままでは、兄の楊勇が皇太子に返り咲き、そのまま皇帝になってしまう。

焦りを感じた楊広は、ブレーン楊素をはじめとする側近たちに命じて楊堅の病室を完全に包囲すると、ひとり病室に入っていった。

なかには後宮の女たちが、病の床にある楊堅のそばに侍っている。

いきなり病室に躍りこんできた楊広を見た楊堅は、半身を起こして罵倒した。かたわらでは、陳夫人が身体を強張らせて、楊広のほうを睨んでいる。

「いまさら何をしに来た。もうすぐ楊勇が軍勢を引き連れてやってくる」

もし楊堅の目のなかに、わずかであっても父親の愛情が見えれば、そのまま病室を引き揚げたかもしれない。

だが、陳夫人を手込めにされかけたことしか頭にない楊堅の目には、憎しみしか宿ってはいなかった。

「おまえたちは、ここから出て行け！」

楊広は、後宮の女たちを病室から追い出した。楊堅に張りついて離れようとしない陳夫人は、その腕をつかんで引きはがした。

ふたりきりになると、楊堅はひとり言をいいはじめた。

「いずれは、こんなことになるだろうと思っていた。おまえが母さんを騙して……」

「うるさい！」

説教を始めた父親をなじった楊広は、手にした大刀を薙《な》ぐように横に払った。

大刀は父親の首をきれいに切断し、断面から大量の血が噴き出した。

首は横に回転しながら、首がなくなったことに気づいていない膝もとに落ちた。返り血を浴びた楊広はしばらく立ち尽くしていたが、きびすを返して病室から外に出た。

病室の天井に描かれた絵からは真っ赤な血が一筋二筋……糸を引くように垂れていた。

その糸の先には大きく目を見開いた楊堅の首があった。

37 帝位を脅かす者は弟でも殺す——曹丕（文帝）187〜226 魏

男にとって、人生最大のライバルは兄弟なのかもしれない。赤の他人であれば、争いたくなければ避ければすむ。だが兄弟であれば、おなじ血を分けあって生きている以上、そういうわけにはいかないのだ。

いま曹丕《そうひ》は、そのライバルを打ち滅ぼそうとしている。ライバルというのは弟の曹《そう》彰《しょう》・曹植《そうしょく》だ。

曹操《そうそう》という魏《ぎ》最大の英雄の子として生まれた三兄弟は、小さなときから比べられて生きてきた。

父曹操の血をいちばん色濃く引き継いだのが長男の曹丕、じっと耐えて目立たない次男曹彰、政治よりも文学に人生を求めている曹植。

ことに、屈原《くつげん》以来の大詩人といわれる曹植の文才は並はずれており、弱冠一九歳のとき、魏随一の建築物である銅雀台竣功《どうじゃくだいしゅんこう》を記念した作品大会で諸子中で最高位になり、父曹操を驚かせた。それだけに曹丕にとって、いちばん苦手な弟だ。

自分の帝位を脅かす者は、どんな手段を使っても蹴落とさなければならない。

すぐ下の弟の曹彰を食事に誘った曹丕は、何食わぬ顔で曹彰の盃に酒を注いだ。自分の盃にも酒を注ぎ、飲むふりをした。

何ら警戒心を抱いていない曹彰が盃の酒を飲み干したとき、その目に驚愕の色がさした。そして疑惑の目を向けてきたとき、曹丕の皮膚がいっせいに粟立った。秘伝の鴆毒《ちんどく》で曹彰を毒殺した曹丕は、ゆっくり立ち上がった。

つぎに曹植は、どのように殺そうか。ただ殺すのではおもしろくない。いたぶりながら殺してやりたい。あの高慢ちきな鼻をへし折ってやるのだ。

そう心に決めた曹丕は、曹植を連行してきたうえで命じた。

「七歩、歩くあいだに詩を一首吟じろ。できないと殺すからな」

兄の命令は絶対である。もし、これが曹彰であれば、兄に取りすがって泣くにちがいない。だが曹植は、冷めた目で兄の顔をじっと見据えてから、ゆっくり歩きはじめた。

一歩……二歩……三歩……。

曹植は、口を引き結び、目を瞑《つむ》ったまま歩いている。

……四歩……五歩……六歩……

「もはや、これまでだな」――曹丕がそういいかけたとき、曹植が立ち止まって、一篇の詩を吟じはじめた。

「豆殻は釜の下で燃え、豆は釜のなかで泣いていう。『もとはおなじ根から育ったのに、どうしてそんなにひどく焚きつけるのですか』」

自分たちが兄弟であることを思い出させ、しかも兄の弟に対する非業を責め、なおかつ兄を豆殻、自分が豆であるとたとえていう。それも七歩あるくあいだに、だ。

曹植の詩に圧倒された曹丕は自分を恥じ入り、殺すのを中止した。

だが、このとき、曹植が必死な顔でいながらも、陰で舌を出していたことに曹丕は気づいていない。

これで文学について、兄は一生、自分に頭が上がらないのだ。そう思うと、曹植は愉快でたまらなかった。

第5章　人肉を喰らう究極の冷血魔

38 女子供の肉を蒸して軍糧にした人食い魔王——朱粲 ?〜621 隋

「どうして、これまで思いつかなかったのだろうか」

武将の朱粲《しゅさん》は、あたり一帯が大旱魃《かんばつ》に見舞われたことを感謝した。

これまで軍隊の移動といえば、軍糧の確保と運搬に頭を痛めてきた。兵たちには食べさせないわけにはいかず、また食べさせないと戦争はできなかった。そのための兵すら用意しなければならない始末だった。

だが、これからは何の心配もいらないのだ。

朱粲は、腹を空かせて動けないでいる兵たちの尻を叩いて命じた。

「そのへんを歩いている子供をかっさらってこい」

「子供なんか、さらってきてどうなさるおつもりですか?」

「つべこべいわずに連れてこい!」

じきに兵たちが戻ってきた。連れられてきた幼児は怯《おび》えきっている。怯えきっているのは子供だけではなかった。兵たちの目も落ち着きがない。

それも無理はない。いま兵たちの前には大きな蒸し器があり、その下の鉄鍋では湯が盛んにたぎっているのだ。これから朱粲が何をしようとしているかは明らかだった。

恐ろしさのあまり身をすくませている幼児をひと息で絞め殺した朱粲は、幼児が着ている服を脱がせた。そして、幼児の足首をつかんで逆さにすると大刀で首を刎《は》ねた。切断面から大量の血がこぼれ落ちた。

「血は生臭いからな」

鶏肉や豚肉とおなじように血抜きをしているというわけだ。血があらかた抜かれたところで、朱粲は蒸し器のふたを開けて幼児の胴体を放りこみ、ふたたびふたを閉じた。

充分に蒸しあがったところでふたを開け、幼児の胴体を取り出した朱粲は、両手、両足を切り落とした。断面を見ると肉が白くなり火が通っていた。

片方の足をつかんだ朱粲は、肉のいちばんやわらかそうな太股のあたりにかぶりついて咀嚼《そしゃく》しはじめた。どこかで嘔吐している兵がいたが、朱粲は、平然と咀嚼しつづけ、嚥下《えんげ》すると、さらに食べつづけた。

あまり美味《うま》そうに食べる朱粲を見ていた兵のひとりが、もう一本の足に手を出した。朱粲がそれを認めると、さらに、ひとり、ふたりと手を伸ばしはじめた。飢餓状態にあった兵たちが、越えてはならない一線を越えるのに時間がかからなかった。

いちど食べてしまえば怖いものはなかった。

朱粲は、うまそうな女、子供ばかりを軍糧にした。男は兵に使えるし、第一、不味《まず》そうだった。やむなく男を食べる場合には蒸し焼きにせず、焼いたり煮たりして食べた。酒席で殺して食べると、たらふく酒を飲んだ人間の肉は、まさに粕漬けの豚肉だった。

戦争に勝った唐軍の部将が、投降した朱粲たちの慰労に訪れたとき、人間を食べていることを非難した。それを聞いて怒った朱粲は、部将をその場で殺して食べてしまった。

39 愛人をメインデッシュにして乳房を食う男——諸葛昂 生没年不詳 隋

諸葛昂《しょかつこう》は、宴席の向こうで不気味に笑みを浮かべる高瓚《こうさん》が気に入らなかった。富から権勢まで似通っているふたりは、表面上は穏やかにつきあっていたが、水面下では対抗意識を燃やしていた。だから、面と向かってニンマリされると虫酸《むしず》が走った。

高瓚が笑みを浮かべていた理由は、宴席にあがったメインディッシュを見て、すぐにわかった。

それは一〇歳ぐらいの人間の双子の煮物だった。頭部がふたつ、胴がふたつ、手が二本ずつ四本、足もおなじく二本ずつ四本……これらが別々の大皿に盛られていた。

諸葛昂が目をみはっていると、高瓚が足の一本を取って、美味そうに食べはじめた。

「どうだ、食えるもんなら食ってみろ」といわんばかりに、ずっと諸葛昂から目を離さない。そうなれば負けてはいられない。諸葛昂も、別の足をとって、かぶりついた。

数日後、こんどは諸葛昂が高瓚を招いた。

諸葛昂は、いちばんお気に入りの愛人に命じて高瓚にはべらせ、酒を注がせた。

だが、この愛人が、何がおかしかったのか笑ってしまった。客人を前にして笑いだすとは失礼にもほどがある。怒った諸葛昂は、その愛人を叱りつけて奥にさがらせた。

しばらく酒を飲んでいた高瓚が、「メインディッシュは何ですかな?」と催促するように聞いても、諸葛昂はただ笑っていた。そして、「そろそろ出るころですぞ」といって、舌なめずりをした。

出てきた大皿のほうを見た高瓚の顔が引きつっているのがわかった。

さきほど叱られた諸葛昂の愛人が胡座《あぐら》をかいたまま、蒸し焼き料理になって出てきたのである。両頬には白粉が塗られ、刺繍入りの着物がかけられていた。

諸葛昂は、やわらかく蒸しあがった左太股に箸を刺して周囲の肉をほぐすと、高瓚の皿に盛りつけた。

「さあ、冷めないうちに召し上がれ」

そして自分は、かつて愛撫し、口に含んだであろう愛人の乳房の先を左手でつまむと、右手に持った箸を乳房の中腹あたりに突き刺し、皮つきの脂肪肉を自分の皿にのせた。

皮の下の脂肪肉は、蒸してもやわらかい。口に含んで咀嚼していると、脂肪が口のなかで溶けるようだった。さらに箸をのばすとき高瓚のほうを見ると、さすがに皿の肉に手をつけられず、蒼ざめているのがわかった。

さきほどまで生きており、しかも自分に酒を注いでくれていた女が大皿に盛られている。しかも、ほぐされた肉が目の前にあるのだ。さぞ、気持ち悪かろう。

ほかの客は、自分の皿に嘔吐しないように口もとを必死で押さえていた。

40 生きながらの人肉しゃぶしゃぶを食う――董彰 生没年不詳 五代の後唐

食材は新鮮なほど美味《おい》しい。腐る寸前が美味い場合もあるにはあるが、やはり新鮮であることにこしたことはない。

だが、この食材についてもおなじことがいえるのだろうか。

董彰《とうしょう》は、食材を前に悩みつづけていた。そんなに悩むこともないのだが、せっかく捕まえた食材である。董彰の目の前には、食材である姚洪《ようこう》が柱に縛られたまま立っていた。

反乱を起こした董彰が、閬州《ろうしゅう》を守る地方官の姚洪を監禁しているのだ。

さきほどから罵《のの》りつづけている姚洪の頬を殴りつけた董彰は、部下に大鍋を用意させると、柱のそばに置かせ、水を張って煮立てるように命じた。

「この私を煮殺そうというのか！」

殴られても罵りつづける姚洪に冷たい視線を送りながら、董彰は笑ってこたえた。

「ただ煮殺したんじゃ、おもしろくない」

大鍋のなかの湯が煮立ってきたのを確認した董彰は、大鍋の近くに食卓を置き、皿と箸と調味料を用意させた。

「始めろ！　あまり厚く切ると煮えるのが遅いから気をつけろ」

ここにいたって自分がどのような目に遭うのかわかった姚洪は、大声で叫んだ。

「董彰！　貴様は、それでも人間か！　私を食べてどうするつもりだ！」

だが董彰は、「ふふふ……」と笑うだけで返事もしようとしない。

柱に縛られた姚洪の周囲に集まった兵たちの手のなかにある大刀の刃先が光った。最初に削ぎ落とされたのは肩口の肉だった。肉がペロリと剝かれ、切断面から血が溢れた。削がれた肉が鍋のなかに放りこまれた。

姚洪は、放りこまれる自分の肉の行方を必死で追っている。

一〇人近い兵が入れかわり立ちかわり、姚洪の肉を削いでは鍋のなかに放りこんだ。罵っていた姚洪の声が、絶叫に変わっていた。

煮立った湯のなかに沈んでいた肉が順に浮いてきた。白く変色した肉片を箸で摘み上げた董彰は、皿に張った醬油ベースのタレに漬けてから口のなかに放りこんだ。

「人間の肉は、蒸しても、焼いても、煮てもいいし、生でもいいが、こうやって、しゃぶしゃぶして食うのもいいもんだな。タレもいい」

そういいながら、鍋のなかで、どんどん浮いてくる肉片をつぎからつぎに食べていたが、まだ姚洪が生きているのを確かめると、聞こえるように大声でいった。

「生きているうちに食べてもらえるとは、あんたも幸せ者だな。だが、こんど生まれ変わるときには女になってくれ。食うのなら、女のほうが美味いからな」

41 旅人を食料にしていた人食い一家——ソニー・ビーン　15～16世紀　スコットランド

ブラッドハウンドの目つきが変わった。鼻を鳴らし、いきなり走りはじめた。犬の嗅覚が、何かをとらえたのだ。四〇〇人の捜査員に緊張が走った。

何十頭というブラッドハウンド犬を先頭に、四〇〇人の捜査員が駆けに駆けた。

事件の知らせが届けられたのは、グラスゴーの警察だった。命からがら逃げてきたという男は、身体じゅうを震わせながら、こういったという。

「海岸の近くを妻と歩いていたら、いきなり五〇人ぐらいの男女に襲われました。大人から子供まで、男も女もいて……それで逃げ遅れた妻がつかまって……あいつらは妻をさらって海岸のほうに逃げていきました」

その話を聞いた地元の警察官は、とうとう、そのときが来たと確信した。過去何十年にもわたって、その海岸近くでは人口が減りつづけているのだ。それだけではなく、旅人も行方不明になっている。

怪しい宿の主人を捕まえて処刑しても、事件は跡を絶たなかった。人間の手足が波で打ち上げられることもあり、最近では、伝説の人食い鬼でも棲んでいるのではないかと噂し合っていたのだ。

ブラッドハウンド犬たちは、海岸にある洞窟の入口で止まり、奥に向かって吠えつづけている。どうやら、五〇人の男女はこの洞窟のなかにいるらしい。

犬たちを先頭に歩かせながら、ランタン片手に捜査員たちが入っていくと、奥の奥に、たしかに五〇人の老若男女が住んでいた。彼らは、ただ呆然と捜査員たちを眺めていた。

彼らに近づいていった捜査員たちは、思わず目を覆った。

そこには、食い散らかされた死体が転がっていた。首を切られ、手足を切断され、裂かれた胴体から臓腑がはみ出している中年女性は、通報してきた男の妻にちがいない。すでに、胴体の肉の半分ほどがなくなっている。

さらに洞窟の壁の岩には、肉片や臓腑が、まるで干してあるように吊るされていた。立ちつくしている者たちの口のまわりは、血と脂で汚れ、なかには、まだ咀嚼をつづけている者もいる。

彼らが、村人や旅人を襲って食べていたのは明らかだ。

捜査員が洞窟の奥をくまなく捜したところ、いちばん寒い穴蔵には、まだ手つかずの死体が重ねられ、別の穴蔵には、塩漬けにされた手足が大量に保存されていた。「食糧」が確保できないときのためのものにちがいない。

捕らえられた全員は、審理もなされないまま処刑された。男は四肢を裂き、その処刑を見せてから女を火炙《ひあぶ》りにした。

のちの捜査によると、彼らは家族だった。主《あるじ》の名前はソニー・ビーンといった。初めは駆け落ちしてきた男女だったが、洞窟に住みつくうちに、八人の息子、六人の娘が生まれ、さらに兄弟姉妹が近親相姦のすえに孫が三二人も生まれたのだという。

住みついた当初から人間を襲っていた彼らは、盗んだ金や貴金属で刃物を買い、洋服は剝いだものを着て、肉を食糧として生きてきたのだ。

42 男娼二一人をソーセージにして売った男――フリッツ・ハールマン　1879〜1925　ドイツ

「坊や、お腹減ってるだろう。おじさんについてくればパンをあげよう」

フリッツ・ハールマンは、浮浪者のなかから、いちばん可愛い男の子に声をかけた。

この不景気で、失業者や浮浪者、娼婦、男娼が町じゅうにゴロゴロしていた。

開業している肉屋の裏の自宅に少年を連れこんだハールマンは、少年を後ろ向きにベッドに縛りつけるとズボンと下着を脱がせ、自分も裸になった。

少年の肛門にたっぷり唾を塗りつけて陰茎を挿入し、痛がる少年のことなどおかまいなしに責めたてる。

男の子の肛門の締まりぐあいを楽しんだハールマンは、射精しないまま抜き取ると、男の子を仰向けにさせた。はじめは泣きわめいていた少年が、恐怖のあまり小便を漏らした。足もとが汚れたのを見たハールマンは、やにわに男の子の首を絞めた。

ハールマンの陰茎が最大に怒張しはじめた。

少年の手足がだらしなくなったと思ったら、ゆるくなった肛門から大便が漏れはじめた。

一瞬顔を歪めたハールマンは、少年の首にかぶりついた。頸動脈から溢れ出した血を全身の力をこめて吸った。さらに血で満腹にならないうちに肉にかぶりついた。息もつかずに、胴体と首が離れるまで食べつづけた。

そして首が離れると同時に、うめき声と同時に、あたりに精液を撒き散らした。すべては、この一瞬のため、だった。

ひと休みしたハールマンは、少年の肉体を店に運んで解体場に横たえた。

まずノコギリで少年の手足を切断すると、店で使う肉切り包丁で少年の胴の首から下腹部まで線を入れた。皮がはじけ、薄い脂、薄い肉が現われ、最後に臓腑が顔を出した。

その臓腑をすべてかき出したハールマンは、肋骨《ろっこつ》を縦に割って、肺や心臓もかき出した。

あとは、ひたすら骨から肉を削ぎ落とす作業がつづいた。削ぎ落とした肉は、片っ端から大きなボウルに入れていく。

つぎに解体し終えた肉を、臀部《でんぶ》などのような塊肉、厚めの肉、肉片に分ける。

塊肉は、牛や豚の肉といっしょに保存するか、入荷したばかりの仔牛の肉といって売る。厚めの肉はステーキに調理して店に出し、肉片はミンチにするか、ハムやソーセージにして客に売る。臓腑は充分に血抜きをしたうえで、レバーなどの内臓肉として店に並べる。

このようにしてハールマンが殺した男性の数は、近くのライネ川などで発見された頭蓋骨や骨から計算して正式発表では二二名、本人は四〇数名といっているが、実態は数百にのぼると予想されている。

ハールマンの店は、「あそこの肉屋は美味い肉を食わせる」と近所でも評判だったらしく、足繁く通う馴染みもずいぶんいたという。彼らは、ずっと男の子の肉を食べさせられていたというわけだ。

43 小児の肉だけを食べつづけた老人
――アルバート・フィッシュ
1870〜1936　アメリカ

アルバート・フィッシュが、最初に子供を食べたのは五七歳のときだった。ビリー・ギャフニーという四歳の男の子で、初めから食べるつもりはなかった。

男の子を誘拐してきたフィッシュは、自分だけ服を脱ぎ、床に這う姿勢になって、尻を叩くよう命令した。男の子はいやがったが、叩きはじめるとおもしろくなったのか、どんどんエスカレートしていった。だが限界があるのだろう、手が痛いといいだしたので、こんどは針で肛門を刺してもらった。直腸にあたる感触で思わずうめき、陰茎が直立し、精液をしたたか床に放った。

床にこぼれた白濁した精液を見て、男の子が不思議そうな顔をした。フィッシュのほうを向いて何かいおうとしたそのとき、フィッシュは男の子の首に手をかけた。力をこめると、すぐに動かなくなった。

自分がこぼした精液の上に倒れた男の子を風呂場まで引きずっていったフィッシュは、男の子の首、両手、両足を切断した。血まみれになり、脂で滑りながら、そして切断面を見ていて、フィッシュのなかの何かが崩れた。

男の子の胴体をひっくり返すと、桃のような尻の線に沿って包丁を入れた。さらに、かわいい陰茎と陰嚢を切り取り、尻の両方の肉を削り取って台所に向かった。

まずオーブンのスイッチを入れたフィッシュは、フライパンを用意した。そこに、よく洗った陰茎と陰嚢を入れ、尻の肉も加えた。尻肉の上にはベーコンを数切れのせた。そこでフライパンごとオーブンに入れた。一五分たったところで取り出し、タマネギ四個と〇・五リットルの水を加えて、さらに、じっくり煮こんだ。

二時間後、料理は完成した。

尻の肉はじつに美味かった。ローストした七面鳥も美味いと思ったが、それでも尻の肉の美味さの半分もないのではないかと思った。

尻の肉を食べ終えたフィッシュは、つけあわせの陰茎をかじった。ナッツのようで、けっこういけた。だが陰嚢のなかの睾丸は固くて食べられたものではなかった。

男の子の肉は、四日かけて食べ終わった。顔の肉も、シコシコして美味かった。

どうして、こんな美味いものを、これまで食べてこなかったのか不思議だった。

この年になって、若さを取り戻しているような気がしていた。

この男の子を皮切りに、逮捕されるまで、少なくとも三人の子供を食べきったフィッシュが死刑に処されたのはいうまでもない。

44 女性の死体ばかりをコレクション——ヴィクトル・アルディッソン　生没年不詳　フランス

ヴィクトル・アルディッソンの部屋に踏みこんだとき、警察官が初めに耳にしたのは、クラシック音楽だった。一見したところ、とくに変わった部屋ではない。ただ、窓が開きっぱなしになっているのが気にかかった。

乱雑に散らばった机の上に、開かれたまま置き去りにされている本を返すと、「ジュール・ヴェルヌ」と『地底旅行』の文字が見えた。ほかにも、『地球から月へ』『海底二万哩《マイル》』『八十日間世界一周』などが無造作に立てかけられている。

どうやら、お気に入りのヴェルヌの冒険小説ばかりを繰り返し繰り返し読んでいたようだ。

アルディッソンの読書癖に感心していると、若い捜査員のうめく声が聞こえた。

振り返ると、その捜査員は口もとに手を当てて、いまにも吐きそうな顔をしている。

部屋の隅にあるのは、奇妙な陳列棚だった。十字架、天使の像、ミサの本、蠟燭《ろうそく》などが大事そうに並べられている、その中央に置かれているのは、明らかに人間の首だった。

切り取ったばかりの生首でも、白骨化した首でもない。まだ皮も髪の毛も付着したままになっている、半ばミイラ化した首だった。

はたして、どれぐらい放置すれば、このような首になるというのか。正確なことはわからないが、性別は女性。大人でも幼児でもないところを見ると、まだ一〇代前半ということになる。

墓掘りの仕事をしているアルディッソンだからこそ、死体をコレクションするのは容易だったにちがいない。葬式のとき、墓に穴を掘り、埋めた棺桶のなかの死体が男性か女性かを耳に入れておく。男だったら見向きもせず、女だったら、夜になって掘り返すのだろう。

頭部しかないということは、どこかで胴体から切り離したはずだ。とくにバス、寝室などを探したが胴体はどこからも発見されない。もしかしたら、棺桶のなかで切り落として、首だけ持ち帰ったということも考えられる。

庭をあたっていた捜査員が、納屋を見つけてきた。

戸口に顔を近づけると、腐臭が漂っている。

納屋の鍵を壊して、納屋のなかに一歩踏みこんだ捜査員たちは、あまりの臭さにたじろいだ。蝿がいっせいに飛び出してきた。

腐臭のもとは、まだ三歳ぐらいの女の子の死体だった。棺桶に入れるときに着せられたドレスのまま横たわっている。ただし腐りかけている。皮膚は灰色とも茶色ともつかない濁った色をしていて、蠟が溶けたようにテラテラ輝いている。アルディッソンがかぶせたらしい帽子が不気味さを助長していた。

さきほどまで口もとに手を当てていた捜査員が、あわてて駆けだして嘔吐している。無理もない。納屋のなかには、ほかにも死体らしきものが、いくつもいくつも転がっているのだ。どれもこれも女性ばかりだ。

若い女性に限らず、幼児から老婆まであり、しかも洋服はそのままで、性的ないたずらをした形跡がない。つまり、性器をいじったり、死姦をしたり、皮を剝いだり、乳房を切り取ったりするのではなく、ただ愛玩動物のように撫でたり、飾ったりするのが目的だったというわけだ。

クラシック音楽を聴きながら冒険小説に読みふけり、その横に女性の死体をはべらせる。そんな光景を思い浮かべた主任捜査員に、初めて嘔吐感が襲ってきた。

45 敵をミイラにした変態コレクター──ナポリ王フェルディナンド 1423～94 ナポリ

初めて陳列棚を見た客の反応には三種類あった。

ひとつは、これがいちばん多いのだが、絶句したまま動けない。つぎに、口もとを手で押さえながら「失礼」といってトイレを探す。三つめは、こめかみを震わせたまま、フェルディナンドのほうをこわごわと見ている。

ナポリ王フェルディナンドは、彼らのようすを見ては楽しそうに笑うのだった。

客たちが、このような反応をするのも無理はない。なにしろ陳列棚には、これまでにフェルディナンドが処刑した敵兵のミイラが飾られているのだ。

いざ客を招いての晩餐となり、豪華な食事が並べられた。

そこで主宰者であるフェルディナンドが、どんな話をしてもてなしたのかというと、もちろん、ミイラコレクションの話である。

「どうやってコレクションしているか、ぜひ聞いていただこうと思いましてね」

まず捕らえた敵兵を牢獄に入れるところから、コレクションは始まる。

ミイラにするためには痩せさせなければならないから、ぜったいに食事だけは与えない。

与えるのは、少量の砒素《ひそ》など、効き目の遅い毒だ。身体が痩せきるまで、少しずつ少しずつ飲ませつづける。

獄吏には、舌を噛み切って自殺したりしないようにいいおき、自分もときどき顔を覗かせては、痩せぐあいを確認する。

死ぬより辛い日々を送らされている敵兵が、「死なせてくれ」といっても容赦はしない。

「どうだ、苦しいか。苦しいだろうな。だが、もっと苦しむがいい」

そして何週間も経過して、このままでは餓死するか、毒にあたって死ぬ、というころになって、初めて牢獄から引きずり出して処刑する。

普通なら、ここで埋めてしまうのだが、そんなことはしない。

全裸にしたうえで、皮膚に香油バルサムを丹念に塗りこむ。このバルサムというのは、樹脂が精油に溶けたもので傷口に塗ることもある。つまり皮膚に塗ることで、肉体が溶け出すのを防ぐのだ。

フェルディナンドは、「これですよ」といって油瓶を掲げてみせた。

全身にバルサムを塗りこむと、また生前の着物を着せて飾っておく。

「これで、あのミイラが完成するのです」

客たちは、フェルディナンドの話を聞いているのか聞いていないのか、目の前の食事に夢中になっている。顔を歪めたフェルディナンドは、目顔で合図すると、部下に命じて、背後から客たちを斬り殺しはじめた。

まだ虫の息の客を見下ろしながら、フェルディナンドはいった。

「これから自分たちが、どのように扱われるかを説明してあげているのですから、ちゃんと聞いていただかないと困りますな」

裏切り者たちの死体を運び出させながら、フェルディナンドは憮然《ぶぜん》として、こういった。

「太ったミイラは、場所をふさいでかなわんな」

第6章　想像を絶する猛女たちの非道

46 気に入らない皇帝の妃は井戸に投げこむ ── 西太后 1835〜1908 清

西太后《せいたいごう》の前に連れてこられたとき、珍妃《ちんぴ》は、せっかくの美貌がうかがえないほどげっそりとやつれていた。宦官たちに両手を引かれても、および腰で、下から見上げる目が怯《おび》えきっている。

西太后は、勝ち誇ったように言い放った。

「私と皇帝は、これから北京《ぺきん》を離れる。おまえも連れていってやりたいが、そうはいかない。もうすぐ八カ国連合軍が攻めこんでくる。そうなる前に、ここで自害なさい」

いま清国《しん》は最大の危機を迎えつつあった。

義和団《ぎわだん》が北京を占領するや、イギリス・アメリカ・ドイツ・フランス・ロシア・日本・イタリア・オーストリアの八カ国連合軍が軍事出兵してきて、一カ月間で天津《てんしん》を占領、そしていま、この北京に進攻してきているのだ。

一刻も早く、宮城から避難しなければならない。

少し離れたところでは、珍妃の夫である光緒帝《こうしょてい》と、姉の瑾妃《きんぴ》が涙を浮かべて立ちすくんでいる。誰も、西太后の横暴を止めることはできない。

そもそも自分の甥である光緒帝を皇帝から引きずり下ろしたくてたまらなかった西太后が、光緒帝の妃、珍妃を監禁したことに始まる。

監禁されてから、珍妃がどのような扱いを受けてきたかは、彼女のようすを見ればわかった。殴られ、髪の毛をつかんで引っ張られ、冷水をかけられ……あらゆる拷問を受けつづけていたにちがいない。食事もろくに与えられてはいないはずだ。

そもそも男まさりで、皇帝や宦官の格好をしてみせたりしていた珍妃がいった。

「皇帝陛下だけでも北京にお留まりください。皇帝がいなければ、清国はおしまいです」

「お黙り！　これから死のうというおまえが何をいうか！」

身の危険を感じた珍妃は、西太后の前にひざまずいて命乞いをした。

「どうぞ、お許しください。もう逆らったりはいたしません」

だが西太后は聞く耳をもたない。いらだった西太后が宦官の崔玉貴《さいぎょくき》に命じた。

「さっさと珍妃を殺しておしまい！」

命ぜられた崔玉貴は、ひざまずいたままの珍妃の両脇に手を入れて、軽々と持ち上げると、井戸に向かって歩きはじめた。

「李蓮英《りれんえい》！　李蓮英！」

もうひとりの宦官に助けを求めたが、すでに遅かった。まるでゴミでも捨てるかのように、珍妃は井戸に投げこまれた。

西太后は、何事もなかったかのようにいった。

「さあ、行くわよ」

47 前皇后の両手足を切断して樽に漬ける——則天武后 624～705 唐

武照《ぶしょう》(のちの則天武后《そくてんぶこう》)が野望を達成するためには、どうしても邪魔な女がいた。

武照の野望とは、皇后の地位に就くこと。邪魔な女とは、現在の皇后王氏《おう》だ。

後宮のなかでも低い地位にいた武照は、皇帝が病床にあるにもかかわらず皇太子をたぶらかして肉体関係をもち、皇帝が死んで仏門に入っているところを後宮に呼び戻された。

じつは武照を呼び戻したのは皇后の王氏だった。武照が仏門に入ったため寂しさをまぎらわせるために淑妃《しゅくひ》という女に手を出して夢中になっていた新皇帝を見ていた王氏は、かつての女を呼び戻せば淑妃とは手を切ると思ったのだ。

このときは、まだ、王氏は武照に勝てると思っていた。だが予想に反して、皇帝は前以上に武照に溺れた。

すぐに皇帝とのあいだに女の子をもうけた武照にとって、邪魔なのは王氏である。

口実をもうけて王氏を招いた武照は、部屋に赤ん坊だけを残して部屋を出ていった。王氏が赤ん坊をあやして部屋を出ていくと、武照はわが子の首を絞めて殺し、「赤ん坊が死んでいる」と騒ぎたてた。王氏が赤ん坊殺しの濡《ぬ》れ衣《ぎぬ》を着せられたのは、いうまでもない。

さらに皇帝のベッドの下に呪いの人形を入れて、王氏に皇帝殺しの嫌疑をかけて、ついに皇后の地位から引きずり下ろしてしまった。

こうして捕らえられて牢に幽閉された王氏が、見舞いに行った皇帝に涙ながらに救いを求めたことを知った武照は、王氏を牢から出して素っ裸にして百回の鞭打ち刑にしたあと、家臣に向かって、こう命じたのである。

「両手両足を切っておしまい」

鞭で打たれて、身体じゅうから血を滲《にじ》ませていた王氏の背中がピクリと動いた。

王氏は、命乞いをする間もなく、右手……左手……右足……左足と順々に切断され、その場に転がされた。切断面から大量の血を噴き出させながらも、その目は自分の胴体から切り離された手足を探している。

さらに武照は、残忍な笑みを浮かべながら、

「骨の髄まで、たっぷり味わうがいい」

そういって用意させたのは、大きな酒樽だった。

家臣たちに胴体を担がれた王氏は、たっぷりと酒の入った樽に漬けられた。つづいて両手両足が樽に投げこまれた。

切断された傷口、身体じゅうにできた鞭打ちの傷から、アルコール分の高い酒が染みこみ、肉の成分が溶け出していった。王氏は狂わんばかりの悲鳴をあげつづけた。

そのまま放置された王氏は、二日間にわたって悶え苦しみながら死んでいった。

48. 夫の愛人を鴆毒で殺す皇后——何皇后 ?〜189 後漢

「これが鴆毒《ちんどく》というものか」

手のひらに入るほど小さな壺のふたをおそるおそる開いた何皇后《かこうごう》は、なかに入っているものを見て、思わずうめいた。いやな臭いが鼻をついたような気がしたのだ。

鴆《ちん》という鳥を見たことがあるわけではなかった。

この壺を持ってきた宦官《かんがん》がいうには、鴆というのは毒蛇を食べる鳥だという。胴体は紫黒、嘴《くちばし》は赤、目は黒、首の長さは七、八寸（二〇数センチ）ほどもあるという。毒蛇を食べているだけに毒性は強く、食べ物に羽根を触れさせただけで死んでしまうという。

じっさい使う場合には、鴆の羽根を漬けた酒をふるまうことが多いのだという。

ちなみに、いま壺のなかに入っていたのは、鴆の身と内臓をすり潰したものだ。

宮廷のなかには「鴆などという毒鳥はいない」とうそぶく者もいるが、では、いま目の前にある鴆毒は、どのように説明するのか。

何皇后には、どうしても殺してしまいたい女がいた。

その女というのは、夫である漢の霊帝《れいてい》の妾、王美人《おうびじん》である。この王美人が、とうとう男の子を産んでしまったのだ。

すでに何皇后には辯《べん》という名の男子がいて、つぎの皇帝は決まっている。だが、もうひとり男子が生まれれば、わが子の競争相手になることはわかりきっていた。もし、わが子より優れた男子になったら……。

そう思うと、何皇后はそんな男の子を産んだ王美人が憎くてたまらなくなるのだ。また男子を産んだりさせないためにも、悪臭はもとから断たなければ意味はない。

ある日、出産祝いだと偽って王美人を呼び出した何皇后は、珍しく料理をふるまうことにした。ただの出産祝いだと思っている王美人に、何皇后を疑っているようすはない。

この女を殺せば、自分が疑われるであろうことも、何皇后の頭のなかにはなかった。王美人が死んでくれれば、それでよかった。

ただ、ひとつだけ問題があった。

王美人が死ななかったときだ。そのときは、王美人つきの宦官が応急措置をしてしまうにちがいない。

話によれば、鴆毒で死にきれないでいるときには、甘草《かんぞう》三両（約四五グラム）を水五升（約九リットル）で煎じ、そこから二升を取り除いて黍《きび》と米の粉を混ぜたものを一両、白蜜を三両かき混ぜながら入れて、白粥のようにして食べるといいらしい。

そんなことになれば、つぎに殺されるのは何皇后ということになるのだ。どんなことがあっても死んでもらわなければ……。そう思った何皇后は、隠し持った鴆毒を湯で溶かしたものを濃厚なスープに流しこむと、それを取り分けながら、ひとり、ほくそえんだ。

49 好きな男に接吻するために首を切らせた女——サロメ 1世紀 古代パレスチナ

サロメの舞が絶頂に達しつつあった。床を叩く靴音が、ホールのような室内に大きく響きわたる。

淫らな視線をふりまきながら、まるで遊女のように舞うサロメに誰もが酔いしれていた。酒のせいもあるだろうが、いちばん、ご機嫌に酔いしれていたのはヘロデ王だった。

なにしろ今日は、ヘロデ王の誕生パーティなのである。

ヘロデ王の横には、妻のヘロデヤが坐り、自分の娘が妖しい腰つきで踊る姿を半ば軽蔑した目つきで眺めていた。

たしかにサロメはヘロデヤの娘ではあるが、ヘロデ王の娘ではなかった。サロメはヘロデヤの連れ子なのだ。ヘロデ王は、自分の実兄ピリポの妻だったヘロデヤを力ずくで奪い取ったのだ。

自分の兄嫁をその肉体欲しさだけで奪ったヘロデ王の行為は、近親相姦として批判されることも多かった。そのことを預言者ヨハネが諫言《かんげん》したところ、急に怒りだして、預言者ヨハネを牢屋に閉じこめてしまった。

怒っているのはヘロデ王だけではなかった。ヘロデヤも顔を強ばらせていた。たとえ奪われてきた身とはいえ、近親相姦といわれるいわれはなかった。直接、血のつながりがあるわけではないのだ。

一部始終を見ていたサロメは、義理の父ヘロデ王のことを心底恐れていたが、おかしな感覚に襲われた。ヘロデ王を痛い目にあわせてやりたい、と思うと同時に、預言者ヨハネに同情心を抱いたのだ。同情心は、やがて恋心に変わっていった。

ただし、その恋心は、けっして素直なものではなかった。

「いつか、あの預言者ヨハネの唇に食らいつくように接吻したい」

そう思いはじめていた。

サロメが舞い終えたとき、ヘロデ王は立ち上がって拍手を送りながらいった。

「すばらしい舞だった。何でも褒美をとらすぞ。何がいい？　宝石か？　ドレスか？」

サロメは、このときを待っていた。いっそう淫らな目つきになって、舌なめずりをしながら、媚びるようにいった。

「ほんとうに何でもいただけますの？」

「あたりまえじゃないか。約束は守る」

「では……預言者ヨハネの首をください」

ヘロデ王の頬がピクリと動いた。それまで騒がしかった室内が静かになった。

そこでサロメは、追い討ちをかけるようにいった。

「ただ、殺していただきたいわけではございませんわ。ヨハネの首をくださいまし」

ヘロデ王は顔を引きつらせながらも、約束を果たすため部下に命じた。

連れてこられたヨハネは、ヘロデ王の手で首を刎《は》ねられた。女たちの悲鳴があがった。

まだ血のしたたる首を盆の上にのせたヘロデ王がサロメに差し出した。ゾッとするほど官能に満ちた顔つきになったサロメは、目を見開いたまま死に絶えているヨハネの唇に口を近づけ、熱い接吻を交わしはじめた。

50 夫を毒殺し、息子と母子相姦した悪女――アグリッピナ 15〜59 古代ローマ

「これで、よし」

アグリッピナは、銅製の鏡のなかの、完璧に化粧をほどこした自分の顔を見ながら、うなずいた。四〇という実際の年齢より一〇歳は若く見えるはずだ。

これで息子のネロの怒りがおさまらなければ、自分はほんとうに殺されてしまう。

ネロが生まれたとき、占い師は「この赤ん坊は皇帝になるが、あなたのことを殺すでしょう」と予言したのだ。

アグリッピナは、息子ネロを皇帝にするためならば、実の叔父クラウディウスと結婚して皇后にもなったし、そのクラウディウスを毒殺することも厭《いと》わなかった。計画どおりネロは皇帝になったが、こんどはお節介な母親が邪魔になりはじめたのである。だが、まだ殺されるわけにはいかなかった。

宴会の席に現われたアグリッピナは、宴席がどよめくのも無視して、横臥《おうが》しているネロに近づいた。ネロも怪訝《けげん》な目を向けてきたが、そんなことを気にしてはいられなかった。

傍らにかしづき、剝き出しになっているネロの肩にそっと手を置き、やさしく撫ではじ

めた。二〇歳をすぎたばかりの息子の肌はたくましく、汗でわずかに輝いていた。もしかしたら、邪険に払いのけられるのではないかと思ったが、ネロはじっとしていた。

アグリッピナには計算があったのだ。

ネロを産み落としてまもなく、アグリッピナは息子に乳母をつけた。ネロにとっては叔母にあたるレピダはやさしい女だった。ネロも、生みの母より育ての母を好み、やがて恋愛感情を抱きはじめたのだ。

そしてネロは、自分より四〇も年上の叔母とできてしまったのである。おそらく初めての女性経験だったはずだ。だから、年上女の色気に抵抗できるはずがない。そう確信していた。

そういうアグリッピナ自身、近親相姦には慣れていた。

アグリッピナが処女を捧げたのは、実の兄のカリグラだったのだ。セックスの奴隷ともいえる日々を送った経験もある。さらにネロのために、叔父とも結婚したのだ。セックスに関して、アグリッピナに怖いものは何もなかった。

肌を撫で、髪の毛をかきむしり、ネロの肉体に唇を寄せ、舐めつづけた。

道徳観念の薄いネロが、熟女の淫蕩な愛撫に抵抗できるはずがなかった。

宴席が凍りついているのにも気づかないふたりは、そのまま奥に消えていった。

初めは理性が勝っていたアグリッピナも、息子ネロのたくましい愛撫に応えて一糸まとわぬ姿になり、やがて獣のように息子に抱きついていった。

この、あさはかともいえる色仕掛けは成功し、ふたりの噂はローマじゅうを駆けめぐったが、最後は占い師の予言どおり殺された。

アグリッピナの遺体を見たネロは、母親の着ているものを剝いで、つぶやいたという。

「お母さんの身体は、どうして、こんなに美しいんだ」

51 夫の父との愛欲に狂う嫁——楊貴妃 719〜756 唐

「おまえは明日から道教寺院に行きなさい。わが家に馴染んでもらうためにもな」

舅《しゅうと》の玄宗《げんそう》皇帝に命じられた楊貴妃《ようきひ》は、黙ってうなずいた。いや、うなずくしかなかった。家長の命令には逆らえない。まして相手は皇帝なのだ。

夫の寿王《じゅおう》に相談する暇もなかった。相談したところで、夜の営みとおなじように、きっとおとなしくしているにちがいない。

寿王と結婚してからというもの、楊貴妃は、いつも誰かに見られているような気がしていた。宮殿内を歩いているときも庭でたたずむときも、誰かの視線を感じていた。

た。寿王に抱かれているところを覗かれているような気がしたのも、一度や二度ではなかっ楊貴妃の上に乗って、舌や腰を使っている寿王は気づかないが、未熟な技に露ほども感じず、ただ天井を見上げている楊貴妃は気になってしかたがなかったのだ。

いくら寿王が下手でも、楊貴妃が褥《しとね》で演技をしなくてすんだのは、「誰かに見られている」と思って興奮していたからかもしれない。寿王と自分が絡みあっているところを見られていると思うだけで、腰がいうことをきかなくなった。

いま、その正体が初めてわかったような気がした。

あれは、舅の玄宗皇帝の視線だったのだ。

そう思うと楊貴妃は、玄宗皇帝に見つめられているだけで落ち着かなくなった。この場

で、腰が抜けそうになる自分が恥ずかしくてたまらなかった。

恥ずかしそうに顔を赤らめてうなずく楊貴妃がいやがっていると思ったのか、玄宗皇帝

は道教寺院がいかにすばらしいところであるかを説明しはじめた。

だが、そんなことはどうでもよかった。一刻も早く、その場から立ち去りたかった。

結局、道教寺院から戻された楊貴妃は、玄宗皇帝の妻の座におさまった。寿王の妻の座

がなくなったわけではなかったので、父子と夫婦関係を結んでしまったことになった。

だが、事実上の夫婦関係がつづいたのは玄宗皇帝のほうだった。

何が楊貴妃をそうさせたかは明らかだった。

すべては玄宗皇帝の視線だった。朝から熱い視線で見つめられると、一日じゅう犯されつづけているような錯覚におちいり、夕食をとるころには腰が抜けそうになっていた。そして夜具に横たわったときには、どんな愛撫も必要ないほどに、楊貴妃の肉体は溶けはじめていた。

それにもかかわらず、玄宗皇帝の愛撫は肉体が震えるほどに巧みだった。寿王よりも老いているぶん体力はなかったが、楊貴妃はすぐに喜びの絶頂に到達してしまった。朝から犯されつづけている気分になっていたのだから当然だった。

ましてや夫の父と交わっているのだ。その背徳感を思い出すだけで、楊貴妃は狂ったように義父にしがみつき、肩に歯を当て、背中に爪を立てるのだった。

52 天皇位をめぐって兄弟を戦わせた女――藤原薬子　?～810　日本

「この意気地なし！」

いま目の前で爪を噛み噛み視線を泳がせている平城《へいぜい》天皇（正しくは前天皇）を見ながら、藤原薬子《ふじわらのくすこ》は心のなかで何度毒づいたかわからなかった。

生来の病弱がたたって、わずか五年で天皇位を降りるハメになり、かわって弟が嵯峨《さが》天皇になると、それまでの病気が嘘のように回復に向かった。そうすると、こんどは自分から辞めるといいだした天皇の地位に戻りたいとぼやきはじめたのだ。

娘が天皇の妃《きさき》として入内《じゆだい》してから娘の世話役として朝廷に仕え、いまでは後宮《こうきゆう》を取りしきる最高位にある薬子は、ただ、ぼやくだけで実行に移せないでいる平城天皇を見ているだけで、いらついた。

「そんなことだから、弟に天皇位を乗っ取られてしまうのよ」

そんなことは、口が裂けてもいえなかった。

だが、ここで泣き寝入るか、打って出るかで、平城天皇を取り巻く多くの人たちの人生が大きく左右するのだ。そのことを平城天皇は理解しきっていないのではないか。

朝廷に仕える前は、薬子にも家庭があった。うだつの上がらない平凡な貴族の妻として三男二女を育ててきた薬子は、娘の玉の輿を機会に人生を変えてみるのも悪くないと思い、人並み以上に平和な家庭を捨てて、娘とふたり家を出た。そんな妻を励まそうとも引き止めようともしない夫に腹が立った。二度と家には戻るまいと思った。

だから、意気地なしの平城天皇の気の迷いなんかで、二度とない人生を棒に振るつもりは毛頭なかった。娘にも、悲しい思いはさせたくなかった。

どんなことがあっても、挙兵させなければ気がすまなかった。

その決断を下させることが、薬子にはできた。

わずか一七歳で母親を亡くした平城天皇は、蒲柳《ほりゅう》の質《しつ》であることも手伝って、母親のような暖かい存在が必要だった。

実際、自分の妻の母である薬子に平城天皇は甘えていた。ときには実の母子ではないかと思ってしまうほど仲睦まじかった。母親のかわりであり、あこがれの女性の代表でもあった。

ともすれば頰を寄せてきかねない平城天皇をうまくあしらいながら、薬子は言外で決起をうながした。

「決起すれば、母親のように抱いてくれる」

平城天皇が、そう勘違いしようがしまいが、どうでもよかった。

ようやく平城天皇が決起の気持ちを固め、弟の嵯峨天皇に挑戦状を叩きつけたときも、いざ合戦が始まったときも、敗れて東国へ逃れるときも、薬子は平城天皇のそばを離れることはしなかった。いつまた弱気の虫が鳴きはじめるかわかったものではなかったからだ。

打つべき手をすべて打ち、自分の人生設計が誤っていたと気づいた薬子は、つねに持ち歩いていた毒薬をあおりながら、残してきた家族のことを思い出していた。

53 黒ミサの聖壇で赤ん坊の血を飲んだ王妃——モンテスパン夫人 1640〜1707 フランス

モンテスパン夫人は、黒いベールで顔を隠しながら走っていた。夜露で足が冷たかったが、そんなことに気をとられてはいられなかった。

ラ・ヴォアザンに紹介された妖術師ギブールの家は、悪魔の館のように、闇のなかに黒く沈んでいた。この門をくぐれば、もう後戻りはできない。自分に、そう言い聞かせた。

初めてラ・ヴォアザンの邸宅を訪ねたときは、媚薬「愛の粉末」を買った。ルイ一四世が夢中になっているルイーズ・ド・ラ・ヴァリエールが独占している寵妃《ちょうき》の地位を奪うのが目的だった。

その後はルイ一四世に愛されつづけ、子供を八人も産んだ。

だが、ここにきて強敵が現われたのである。フォンタンジュという娘だ。若さも美貌もかなわないと思ったモンテスパン夫人は、ラ・ヴォアザンの門を叩いて相談をもちかけた。

その結果、ラ・ヴォアザンがおごそかにいった。

「黒ミサというものがあるのを知っていますか?」

そして、ラ・ヴォアザンにいわれるまま、モンテスパン夫人は悪魔と契約を結ぶため黒ミサ協会に加盟し、妖術師ギブールを紹介されたのである。

妖術師ギブールの準備は、すでに整っていた。ギブールは赤ら顔の太った老人で六〇歳は超えているように見えた。ひょっとしたら七〇歳ぐらいかもしれない。

ゾッとするほど怖いのは、ギブールの斜視のせいだとわかった。

黒一色に彩られた室内に入ると、全裸になるよう命じられた。ドレスも下着も脱ぎ去ると、三八歳の女の肉体が現われた。胸も豊満だが、腰まわりの肉もたっぷりしている。

さらに黒い布を敷きつめた祭壇に横になり、両手を横に広げるよう重ねて命じられた。ギブールの言葉に淫らな響きはなかった。顔には黒いベールがかぶせられた。横になっても盛り上がったままの乳房や濃い恥毛が露わになり、それをギブールが見ているかと思うと、急に羞恥心を抱いた。

だが、すぐに身体はナプキンで覆われ、両手には火のついた黒い蠟燭を握らされた。処刑された人間の脂肪から作った蠟燭《ろうそく》といわれるものだ。

胸の谷間には十字架が置かれ、腹のそばには聖杯が置かれた。

ギブールが腹に接吻すると、どこからか足音が聞こえてきた。モンテスパン夫人には見えないが、現われた助手の手には赤ん坊がかかえられていた。産婆のところからもらってきたり、街で盗んできた赤ん坊が黒ミサの生贄《いけにえ》にされた。

助手から赤ん坊を受け取ったギブールは、赤ん坊の足首をつかんで宙づりにすると、呪文を唱えながら、小さな喉にナイフを突き立てた。血が滴り落ちて、モンテスパン夫人の身体を遠慮会釈なく汚した。

生贄にされた赤ん坊の血がすべて流されると、こんどは赤ん坊の腹を割いて内臓を取り出し、心臓が祭壇に捧げられた。

モンテスパン夫人の腹の脇に置かれた聖杯を取り上げたギブールは、そこに赤ワインを注いだ。生け贄の血にワインを混ぜたものである。

顔をおおっていたベールと、身体を隠していたナプキンを取り払われたモンテスパン夫人は、凄惨な雰囲気にもかかわらず酔ったような気分のまま、聖杯の中身を飲み干した。口の端から垂れた赤い液体が、首から胸に伝って垂れた。

54 死んだ夫の遺体を愛しつづけた女王――フアナ 1479〜1555 スペイン

つるはしを持つ手に力がこもっている。サク、サクという音が聞こえてくる。

「女王さま、それだけはおやめください!」

教皇の特派使節、司教たちが止めるのも聞かずに、女王フアナは手にしたつるはしを持つ手を休めようとはしなかった。埋められたばかりの夫フィリップの墓を掘り返そうとしているのだ。彼女には、夫が死んだ事実が受け止められないらしい。

やがて、ガチッという音がして、つるはしが止まったところで、フアナはショベルに持ち替えた。

棺桶の上にかぶさるように下り立ったフアナは、ふたにかかった土をきれいに払いのけると、ふたを外して脇によけ、亡き夫フィリップと再会を果たした。

そして亡骸《なきがら》をひしと抱きしめると、身体じゅうに接吻しはじめた。亡骸を暖め、接吻することで、夫が生き返ると思っているらしかった。

呆然と見下ろす人々は、夫を亡くしておかしな行動に出ているフアナに同情するよりも、哀れんで見ていた。なかには顔を背けている者もいた。たしかに気色悪い光景だった。

誰もが、これで気がすみ、ふたたび棺桶に納めると思っていた。

だが、そうではなかった。

フアナは、亡き夫の亡骸を棺桶から引きずりあげたのである。だが、誰も手伝ってくれないことを知ると、亡骸のうしろにまわって両脇に手を差し入れ、そのまま引きずって歩きはじめたのだ。どうやら、家に連れて帰るらしかった。

女王の奇怪な行動に、誰もが小首をかしげた。口には出さないが、「やっぱり頭がおかしいのではないか」という思いが、誰の胸にも去来していた。

それからのファナの行動は狂っているとしか思えなかった。

つねに亡き夫の亡骸を身近に置いては、まるで生きている者に接するようにしていた。日がな一日抱きしめ、食べもしない食事を用意し、駕籠《かご》に乗せて散歩もさせた。もちろん夜はベッドで添い寝した。

あまりの事態に見かねた側近たちは、亡骸が腐敗臭を発しはじめたのを契機に、彼女を引っ越しさせ、隣接する僧院に納めさせることに成功した。だが……。

引っ越した先が幽閉先であるということにも気づかないふうの彼女は、亡き夫の墓をぼんやり窓から眺め、ときにはお祈りに出向くという生活を始めた。

亡き夫の蘇生を信じたまま、それから四九年間も生きつづけた。

55 遊び好きでわがままだった悲劇の王女——マリー・アントワネット 1755～93 フランス

ベルサイユ宮殿の庭には、プチ・トリアノンという別荘がある。毎日が退屈でしかたがないマリー・アントワネットが建てさせたもので、建物のなかでは仮面舞踏会や芝居を、庭には池や小川や洞窟まで造らせていた。庭には、ほかに彼女専用のブランコもあった。

アントワネットは、そのブランコに揺られながら、もの憂げな顔になっていた。

また、ゆうべも失敗だったのだ。彼女が、ではない。夫君のルイ一六世が、だ。

はっきりいえば、ルイ一六世は性的不能者だった。立たないのではない、どうやら包茎なのだ。幼いときに切除すればよかったものを、その勇気がないため、そのまま放置したまま結婚してしまったのだ。


夜、ふたりきりになってムードも盛り上がり、ルイ一六世の愛撫に応じようと身体を開き、迎え入れる準備が整ったところで、役に立たなくなってしまうのである。

初めのうちは自分が悪いのではないかと思い、鏡の前に立つこともあった。長いぐらいの瓜実顔《うりざねがお》、額も広いし、歯並びも悪い。鼻だって鷲鼻《わしばな》で、けっして絶世の美女ではない。

だが夜の生活は顔でするものではない。そう思って、アントワネットなりに努力をしたこともあった。だが、努力すればするだけ、夫のルイ一六世は傷つくばかりだった。

だから、最近ではおなじベッドで寝ることも少なくなった。

とはいえ、火をつけるだけつけておいて放り出すのだから、アントワネットにすれば、たまったものではない。自慰に耽るぐらいでは、すまないのだ。

ゆうべも、久しぶりに手を出してきたと思ったら、やっぱりダメだった。

ルイ一六世は頭を抱えていたが、そうしたいのはアントワネットのほうだった。

いつも、こうだ。だからアントワネットは、火照《ほて》った身体を鎮めるかのように、夜な夜なパリの街へ繰り出しては、劇場や賭博場へ派手に乗りこんだ。彼女のまわりは、いつも、お気に入りの若い貴族たちでいっぱいだった。そして、夜の空が白むまで遊び興じるのだ。

ときには博打がらみで警察が乗り出すことがあったが、ベルサイユ宮殿に踏みこむことだけはできなかった。そんな王妃のことを、市民は悪しざまに「悪女」と罵倒《ばとう》した。

また、生活に困窮した市民がベルサイユ宮殿前までデモ行進したとき、窓から見下ろしていたアントワネットが、おつきの女官に尋ねた。

「あの人たちは、何をあんなに騒いでいるの？」

「パンがなくて、飢え死にしそうだと訴えているのです」

「それならお菓子を食べればいいのに」

唖然とする女官を尻目に、アントワネットはテーブルの上のケーキに手を伸ばして、ひとこといった。

「暇だわ」

そんなアントワネットを知ってか知らずか、鈍感で、不器用で、優柔不断なルイ一六世は、趣味の錠前仕事と狩猟にうつつを抜かす毎日を送っていた。

第7章　禁断の世界に足を踏み入れた悪女たち

56 少女六〇〇人の血でエステした夫人——エリザベート・バートリー 1560～1614 ハンガリー

新しい玩具《おもちゃ》が完成したという知らせを受けたとき、エリザベート・バートリーは満面に笑みを浮かべた。振り向くと、子供たちの乳母だった醜《しこ》女のイロナと、無知な獣のような女ドルコのふたりが立っていた。

イロナとドルコの向こうには、エリザベートが立っていた。エリザベートが注文した鋼鉄製の等身大よりも少し大きい人形を従えたドイツ人の時計師が立っていた。のちに「鉄の処女」とあだ名されることになる人形の使い方を早口で説明した時計師は、そそくさと帰っていった。

時計師が城から出ていったのを確認したイロナとドルコは、エリザベートにいわれるよりも早く、若い女中を地下室に連れてきた。城の近くに住む農家の娘で、着物一枚と交換で奉公にきたのである。

これまでエリザベートは、ありとあらゆる方法で何百人という少女、それも処女を殺してきた。いや、生け贄にしてきた。神や悪魔のためではない。自分の美貌のためにである。

初めは自分の癇癪《かんしゃく》をおさえるために女中の肩を嚙んだ。そのうち、爪のあいだにピンを刺す、火かき棒で身体を焼く、針で口を縫う、裸のまま木に縛りつけて蟻に食わせる、口に手を突っこんで裂く……などへ発展していった。

だが、女中の血が肌を美しくすることに気づいてからは、女中たちの身体を錐《きり》責めにし、乳房をえぐり、手足を切断しては血を抜いて、専用の桶にためこんだ。もちろんエリザベート自身が浸かるためである。

台座に据え置かれた鋼鉄製の人形には肌色の塗料がぬられ、少女の裸体の格好をしている。顔かたちもあれば、髪の毛もついている。機械じかけで口が開くと、笑みさえ浮かべる。乳房もあって、首飾りには宝石がはめこまれている。

一糸まとわぬ姿に剝《む》かれた女中は、目の前に立って笑みを浮かべている不気味な人形を見て怯《おび》えている。

エリザベートは「あなたは動かなくてもいいのよ」と、やさしく声をかけながら、人形の胸に光る宝石を押しこんだ。きしむような歯車の音が響き、人形の両手が挙がりはじめたかと思うと、おいでおいでをするように、女中のほうへゆっくり歩きはじめた。

女中は立ちすくんだまま動けない。

やがて女中の前まで歩いた人形は、胸をかき抱くように、挙げた両手を下ろしはじめた。

そのとき、人形の前半分が扉のように左右に開きはじめた。扉には、左右に五本ずつ先の尖った太い錐のようなものがついている。

女中は悲鳴をあげて、逃げようともがいた。だが、徐々に下ろされている人形の両手に押さえつけられ、身動きがとれない。かえって暴れたがために人形とおなじ向きになり、空洞になった人形のなかに、すっぽりとはまってしまった。

女中の身体がはまると同時に、扉が閉まりはじめた。女中が泣き叫んでも、エリザベートの表情は変わらない。

扉の内側についた刃物が、女中の顔、胸、腹、下腹部、太股の皮膚を破り、女中が断末魔のような声をあげはじめたとき、エリザベートはようやく笑みを浮かべた。

人形の身体から血が溢れ出て、足もとに掘られた溝に流れ落ちてゆく女中の血は、溝を伝って、地下室最下部の浴槽に流れ落ちていく。

すでに何十人分かの血がたまった浴槽を見下ろしたエリザベートは、うれしそうにうなずき、ゆっくりと着ているものを脱ぎはじめた。

57 愛する人に近づく女を毒薬鍋で溶解——陽成昭信 生没年不詳 漢

「あの人のことは誰にも渡さないわ」

側室の陽成昭信《ようせいしょうしん》は、愛する広川《こうせん》（河北省）王《おう》、劉去《りゅうきょ》に色仕掛けで近づいてくる女たち目当てであるにせよ、地位目当てであるにせよ、肉体のことを心の底から憎んでいた。金目当てであるにせよ、地位目当てであるにせよ、許せはしない。

とにかく、嫉妬の塊のような女なのだ。

すぐそばで愛する劉去が寝ていなかったりすると、いろいろな部屋を探しまわる。そして、せっかく傍にきてくれても、着物にほかの女の匂いが移っているのではないかと、胸に抱かれながら、そっと匂いを嗅いでみたりする。

もっとひどいのは夜で、劉去の身体じゅうを嘗めまわしながら、ほかの女が嚙んだ痕はないか、爪を立てた痕はないか、と目を皿のようにしながら確かめるのだ。ことに絶頂期を迎えたときなど、膣のなかに放たせず、口唇や乳房のあたりで受け止めて、その量を計ったりする。

そんな嫉妬の日々がこうじた陽成昭信は、ある日、妙案を思いついた。

「私たちを邪魔する女は殺してしまえばいいんだわ」

いちど決めてしまえば、あとは行動するだけだった。

なかでも気に食わない女は陶望卿《とうぼうきょう》だ。思い出すだに虫酸《むしず》が走る。

ある日、劉去の名前を騙《かた》って言葉巧みに陶望卿を呼び出した陽成昭信は、陶望卿がうしろを向いている隙に、隠し持った斧で頭を割って倒した。

それほどの力ではないが、頭蓋骨が陥没しているのが明らかに見てとれる。殺してしまえばいい、と思って殺してみたが、いざ殺してしまうと、どうしていいかわからない。ただ本能的に感じたのは、なかったことにしてしまおう、ということだ。

そこで大きな鉄鍋を用意した陽成昭信は、陶望卿の四肢を斧で切断することにした。その前に、着ているものを脱がせはじめた陽成昭信は、またも嫉妬にかられはじめた。わが愛しい人は、このかわいい乳房に吸いつき、この繁みに手を這わせ、このぬかるみに溺れたのではないか。最後は、引きちぎるように着ているものを剝いだ陽成昭信は、休むことなく、転がっている斧に手を伸ばした。

バラバラになった陶望卿の四肢を、頭・胴・右手・左手・右足・左足の順番など関係なく鍋のなかに放りこんだ。さすがに頭と胴体は重くて難渋した。

鍋に複数の毒を混入した液体を入れた陽成昭信は、鍋の下に敷いた薪に火をつけた。毒というのは、ドクニンジンの果実などの植物から採取したものをいくつも合わせたものだが、成分も毒性も本人はよくわかっていない。ただ、柔らかくなった陶望卿の肉の組織を破壊してくれればそれでいいのだ。あとはふたをして待っていればいい。

液体が蒸発してしまわないように、途中でふたを開けては毒を足し足ししながら、そのまま数日、鍋でぐつぐつ煮つづけた。すると肉が溶け出し、棒で突つくと崩れて骨から離れた。あとは骨を始末してしまえば、もう誰の肉なのかわからない。

陽成昭信の顔に笑みが浮かんだ。

58 一八年間に三四人を砒素で毒殺――エレーヌ・ジェガード　19世紀　フランス

ギロチン台に乗せられながらエレーヌ・ジェガードは、なぜ自分が殺されなければならないのか、まったくわからなかった。自分は……人を殺したいから殺したのではなく、ただ……人が死んだところを見たかった……ただ、それだけのことなのだ。

エレーヌは、ただの女中だった。そして慎み深く、聡明だった。

子供のころから、利口そうに見られて何かと得をした。ただ、はにかんで下を向いていれば、すべては通りすぎ、また穏やかな日常が戻ってきた。

女中として住みこむときも、そうだった。どの家でも、彼女を手放しで迎え入れてくれた。いかにも働き者で、いかにも静かで、いかにも利口そうだった。そのように振る舞ったのではない。ほんとうに、そうなのだ。

ただ、ひとつだけ違うのは、彼女のトランクの底に大量の砒素《ひそ》が隠されていたことだ。

女中として雇われ、主人夫妻から家族構成を聞くとき、エレーヌは病気の老人や子供がいるかどうかを確認した。主人夫妻が病弱であれば、さらに好都合だった。

炊事、洗濯、掃除、買い物、育児……エレーヌは、どんなことでも如才なくこなした。とくに熱心だったのが料理だった。エレーヌは、三度三度の料理に砒素を少量ずつ加えた。

なかには彼女を女中あつかいせず、娘同様、または妹に対するように接し、いっしょに食事をとるようにいう主人もいたが、けっして彼女は同席しようとはしなかった。そんなことをすれば、自分も砒素を口に入れてしまうことになるからだ。

砒素の効果が現われる時期はまちまちだった。年齢、体格、健康状態によっても違っているから、いつ、誰に症状が現われるか、わからなかった。ただ、気に食わない者がいれば砒素の量を増やしていった。それだけのことだ。

症状が現われるのは、やはり子供や老人が多かった。嘔吐、下痢、発熱などの症状を起こした。

ずっと病人につきそって、死ぬ瞬間をじっと待っているエレーヌの真摯《しんし》な態度に、また も家族は騙された。いかにも働き者で、いかにも静かで、いかにも利口そうなエレーヌが毒を盛るなどということは、誰も想像しなかったのだ。

医者が往診に駆けつけても、砒素中毒だとは思わなかった。なかには呼吸困難に陥っている子供を急性喉頭気管支炎と診断する医者さえあった。

気に食わない家族の場合は、誰かの症状が出はじめたところで、全員の食事に大量の砒素を混入した。無味無臭の毒だが、量を増やすときには念のため、シチューなど味の濃い料理をつくった。

食事後に、不思議な顔をしながら倒れていく家族を、エレーヌは表情のない顔で見下ろしていた。目を見開き、喉をかきむしりながら死んでいきながら、家族は、ようやくエレーヌが毒殺魔だと気づくのだった。

なかには、エレーヌのなかに潜む嗜虐《しぎゃく》性を嗅ぎ分けてしまう者もいた。その場合には、エレーヌはそそくさと身仕度をして家から姿を消した。

違う町に移動するエレーヌのトランクのなかには、まだ未使用の砒素が眠っていた。

59 ハンドメイドの悪魔の軟膏で夫四人を毒殺――アリス・キテラ　14世紀　アイルランド

厳重にかけてある鍵を開けて覗くと、なかには軟膏と聖餐《せいさん》用のパンが入っている。

その軟膏を見つめるうちに、それをつくるときのようすが、まざまざと浮かんでくる。

アリス・キテラは、いつのころからか、黒魔術に凝りはじめた。初めは、専門書、衣装、タロットカードなどをせっせと買いこんで、夜中に部屋を暗くして蠟燭《ろうそく》を灯し、夫や子供たちがいない隙に、ひとりコソコソ遊んでいた。

やがて仲間もでき、誰かの家に寄りあっては、妖しい儀式に熱を入れたりするようになった。仲間の誰かが夫が憎いと打ち明ければ、夫のものを持ちこんで黒魔術を行なった。儀式のために、鶏の血を絞るなど日常茶飯事になっていった。

だが、黒魔術で呪ったり、殺したりする可能性が少ないことを悟った仲間から、ほんとうに人を殺せる毒をつくろうという提案があった。

もちろん、最初は遊びの延長だった。

そこで仲間の一人と未亡人の家に集まったアリスたちは、窓を閉めきり、まずシチューづくりに使う深い鍋を用意した。毒のつくり方は、黒魔術の専門書で読んで知っていた。

それぞれの手には、毒の材料になる、いろいろなものが提げられていた。

基本になるのは、料理に使わない動物の腸だった。牛、豚、鳥……食材となる、あらゆる動物の腸が鍋に入れられた。さらに庭や野原に生えているトリカブト、ジギタリス、ドクニンジン、スズランなどの毒草、毒キノコがたっぷりと腸の上にのせられた。毒ヘビや毒グモ、ムカデなどの虫を持参した仲間もいた。

だが、黒魔術の本領を発揮するのは、これからだ。

死んだ人の髪の毛や爪、生まれてすぐに死んだ赤ん坊の肉、打ち首になった殺人鬼の頭蓋骨……どれもこれも、どこから調達してきたのかわからないものばかりだった。

それらを鍋に入れて、グツグツ煮こんだ。強火にすると焦げてしまうので、弱火で煮つづけた。骨や髪の毛のように溶けにくいものが最後まで残ったが、それでも煮つづけた。最後には、ドロドロになった粘着性のあるものが残った。色は、ドブネズミ色で、いろいろなものが混ざっているのがわかった。

この毒を犬や猫の口に突っこんでやると、すぐに死んだ。

完成した毒を家に持ち帰ったアリスは、強壮剤と偽って夫に呑みこませた。薬といえば怪しまれそうなので、妖しい目つきでしなをつくって強壮剤といった。自分から抱いてくれといわない妻からの甘い言葉にのせられ、夫は毒を呑みこんだ。

初めは何でもないような顔をしていたが、気分が悪いといったつぎの瞬間には、白目を剝いて息絶えた。髪の毛をさすると、ごっそりと抜けた。両手を胸もとで合わせてやろうとすると、爪がボロボロと剝《は》がれた。

毒の魅力に取り憑かれたアリスは、つぎの亭主も、そのまたつぎの亭主も、さらに四人めの亭主まで、おなじ毒で殺した。二回め以降の毒に、実験で死んだ犬や猫、死んだ夫の髪の毛や爪が加えられたことはいうまでもない。

60 父、弟、妹などをつぎつぎに毒殺——ブランビリエ侯爵夫人 1630〜76 フランス

実父の死に顔を見ながら、ブランビリエ侯爵夫人は、何かが突き抜けるのを感じていた。悲しみなんかでないことはわかっている。喜びにも似ているが、それも違う。どちらかといえば達成感だ。何かを成し遂げたという満足が、そこにはある。

ブランビリエ夫人が、実父の毒殺を決意したのは八カ月前のことだった。

「砒素を使えばいい」——そう忠告してくれたのは、恋人のゴーダン・ド・サント・クロワだった。父殺しの話をもちかけたとき、初めは臆していたが、すぐに残忍な目になって身体を乗り出してきた。すべては、お節介な実父がいけないのだ。

ゴーダンが、初めてブランビリエ夫人の前に姿を現わしたのは、いつのことだっただろうか。たしか夫が連れてきて友人として紹介されたのだ。

あのとき交わした視線の粘りは、いまでも忘れられない。ふたりは、すぐに一線を越えた。夫も、ふたりの関係に気づいていたようだが、自分も女漁りに忙しく、何もいいはしなかった。

口を出してきたのは、夫ではなくブランビリエ夫人の実父だった。司法官という立場を

利用してゴーダンを逮捕すると、バスティーユ監獄にぶちこんでしまったのである。

獄内には、一五〇人を毒殺した経歴をもつイタリア人の毒物学者エグジリが投獄されており、以前から化学や薬物学に興味をもっていたゴーダンは、毒薬調合の秘法を教授されたのである。六週間後に出獄したときには、いっぱしの専門家になっていた。

ゴーダンと濃密な再会を果たしたブランビリエ夫人は、寝物語に毒薬調合の話を聞いた。ゴーダンを投獄した実父を殺してやろうと、すぐに話はまとまった。

即効性のある毒だとまずいので、毎日の食事に砒素を加えることにしたのである。だが、ブランビリエ夫人はおもしろくなかった。砒素では、毒物の効果を確かめるのに時間がかかる。それに、オリジナル毒薬の効果も試してみたい。

夫人は、毒入りの葡萄酒やビスケットをつくっては、パリ市立慈善病院へ持参した。慈善病院であれば侯爵夫人が出向いても不自然ではないし、死人が出ても疑われる可能性は少なかった。何度も足を運んだのは、もちろん毒薬の効果のほどを確かめたかったからだ。

実父が死んだあとは、坂を転がるように毒殺実験を繰り返した。

まずは、不倫関係にあった娘の家庭教師を殺し、遺産を独占するために弟ふたり、さらに妹、義理の妹……そして、ゴードンと夫とのあいだに同性愛関係があると嫉妬して、とうとう夫にも毒を盛った。だが、ゴードンが解毒剤を飲ませたため、死には至らなかった。

最初は軽い気持ちで毒薬の調合方法を教えていたのだが、どんどんのめりこんでいく夫人を見たゴードンは、夫人を脅迫しはじめた。莫大な遺産が入ったことも知っている。

夫人は、こんどはゴードンを憎みはじめた。毒殺してやろうと思った。

だが、ふたりの毒盛りの死闘は幻に終わった。ゴードンが毒物実験中に中毒死してしまったのである。

61 宮殿敷地内に国王の売春宿をつくった女――ポンパドゥール夫人 1721〜64 フランス

「お客さまは、王妃の親戚で、貴族さまなのですから、粗相のないようにするのよ」

そういいおいて女の個室を出たポンパドゥール夫人は、廊下で控えている小間使と従僕に「よく見張ってるのよ」と命じて、建物をあとにした。

その建物は、ベルサイユ宮殿の敷地内にあった。庭園のなかのこぢんまりとした一軒家で、つねに二、三人の女に個室を与えていた。

それぞれの個室には小間使と従僕がついて、二四時間監視し、付き添いなしでは外出もままならなかった。よく出かける劇場には、彼女たち専用の席まで用意されていた。

ポンパドゥール夫人が、ルイ一五世と出会ったのは二〇歳のときだった。

そのとき、従兄ルノルマン・ド・エトアールと結婚していたのだが、その館の近くに王家が狩猟に使う森があった。もちろんルイ一五世もよく通っていた。その噂を聞いたポンパドゥール夫人は、森のなかでバッタリ遭ったふりをして接近し、その美貌と知性で、見事に愛人の地位を得たのである。

まだ二〇歳と若いポンパドゥール夫人の肉体にルイ一五世は夢中になった。三〇そこそこのルイ一五世に、もっと気に入られようとベッドでの奉仕にも全身全霊を傾けた。夫には見せない、あられもない体位にもすすんで応じた。

だが寄る年波には勝てなかった。三〇をすぎたポンパドゥール夫人は、たしかに女としても熟し、ベッドでの技も巧みになった。だが、しょせん若さにはかなわなかった。

若い女を抱きたい、というルイ一五世のホンネに気づいたポンパドゥール夫人は考えた。自分が宮殿から追い出されず、なおかつルイ一五世を喜ばせ、感謝される方法はないか。

そこで考案したのが、ルイ一五世専門の売春宿というわけだ。

女たちにいった「王妃の親戚で、宮廷でも高い地位にあるポーランドの貴族さま」というのは大ウソだった。彼女たちが取らされる客は、ルイ一五世ひとりだけなのだ。

そうでもいわなければ、女たちは緊張するし、万が一、外にもれたらまずいことになるからだ。これまでに、自分の部屋に訪ねてくる客がルイ一五世だと知ってしまった女がいた。その女は精神科病院に送られて、二度と出てはこられなかった。

　こうしてルイ一五世は、いかにも人目を忍ぶように、コソコソと売春宿に通っては、ポンパドゥール夫人にいわれた部屋のドアをノックするのだった。

62　異常な男性遍歴を繰り返した不感症の女――ジョルジュ・サンド　1804〜76　フランス

　ジョルジュ・サンドが、その医者パジェルロの膝に頭をのせて、どれぐらいの時間がたつだろうか。目の前には、影になった彼のやさしい顔がある。とくに何を話すわけではない。じっと見つめあい、微笑みあう。ただ、そうしているだけでよかった。

　彼の体臭が心地よい風になって、サンドの身体を吹き抜けていく。パジェルロの顔が近づいてきた。彼の目には、浅黒い肌、大きな目に黒い瞳、まっすぐな鼻、下のほうがぷっくりと垂れた唇、貧弱な顎……の、どちらかというと男っぽい顔立ちのサンドの顔が映っているはずだ。

　気がついたときには、唇をふさがれていた。

　そのとき、開けっ放しのドアをはさんでつづいている寝室で叫び声がした。サンドの恋人ミュッセの声である。ミュッセは六つ年下の二三歳。若き詩人である。駆け落ちした先の、ここベニスで大病に罹り、いま生死の境をさまよっているところなのだ。ミュッセにしてみれば、愛するサンドが看病してくれていると思ったら、自分がウトウトしている隙に、医者の膝枕でキスされていたのだ。叫ばないほうが、どうかしている。あわてて病室に駆けこんだが、ミュッセは意識を失っていた。

だが、サンドは悪いことをしたとは思っていなかった。

よくいえば、恋多き女。ありていにいえば、淫奔《いんぽん》な女だった。

詩人ミュッセのように裏切られた男は、ひとりやふたりではない。いや、「裏切られた」というのは、別れた男の言い分であって、彼女にすれば、ただ自分に正直に生きていただけなのかもしれない。

あるとき、サンドの淫奔ぶりの噂を耳にした『カルメン』の作者プロスペル・メリメが、彼女に手を出したことがあった。色事師としても知られるメリメは「三日もあれば、俺に夢中さ」と豪語していたが、三日めには音を上げて帰ってきた。

「サンドは欠陥女じゃねえか」

そう言い訳していたが、じつは、そうではなかった。

サンドは誰に抱かれても燃えなかったのだ。これは、サンドが不感症だったわけではない。ほんとうに感じることができる男が少なすぎたのである。

サンドが三〇代半ばのとき、一〇歳近く年下の音楽家ショパンと恋に落ちた。珍しくも恋というものを感じることができたサンドだったが、あまりに献身的すぎて、かえってショパンを苦しめてしまったという。

恋が成就できない男たちにとっては悪女だったが、本人はそれ以上に苦しんでいたのかもしれない。

63 黒ミサで二〇〇〇人以上の胎児を捧げた女――ラ・ヴォワザン 1640～80 フランス

ラ・ヴォワザンの豪邸を捜索した警察官は、豪華な装飾品に驚いた。

拷問した末に自白させたところによれば、ラ・ヴォワザンは占星術師だった。若いころから手相学やタロットカード、骨相学などを研究していた彼女は、ときにはソルボンヌ大学に出向いて教授たちと語りあうほど詳しかったという。夜会や音楽会を開いては政財界の有名人を自宅に招き、豪華な食事と酒でもてなしていたらしい。

まさに王侯貴族の客間を思わせる調度品で溢れかえっていた。

だが、華々しい客間の裏側にまわった警察官は、信じられないものを目撃した。

まず目撃したのは毒薬の実験室だった。そこには大学の研究室を思わせる実験道具が置かれており、試験管などの容器のなかには薬品らしい液体や粉末が残されていた。

実験室には薬の製造室が隣接されていた。そこには、砒素・水銀・亜鉛・鉄などの鉱物、アンコウの骨、コウモリ・蛙・蛇などの死骸、また、それらを混ぜて粉末にしたような薬も発見された。ここでは、媚薬や堕胎薬、毒薬などがつくられていたにちがいなかった。

薬の混ざりあったいやな臭いが漂っていた。いやな臭いは、毒薬の製造室だけでなく、ほかの部屋の大きなかまどからも匂っていた。こちらは薬の臭いとは違っていた。

ハンカチで鼻を押さえた警察官は、竈のなかを覗いて思わず顔をしかめた。そこには、焼け残った人間の骨が入っていたのだ。それも、かなり小さい。残っているのは割れた頭蓋骨、大腿骨など太い骨ばかりだ。

ラ・ヴォワザンの自白では、このかまどを用いて、一〇年間に二〇〇〇人以上の胎児を焼いたという。

その胎児を産み落としたのは、夜会や音楽会にやってくる上流階級の婦人たちやその娘たちだった。姦通したり、火遊びをしてできた赤ん坊を堕胎薬で流し、流産した胎児をかまどで焼いていたのだ。

もちろん、莫大な謝礼をもらっていたはずだ。でなければ、これほどの豪邸に住みつづけることはできない。

だが二〇〇〇人の赤ん坊を焼いたにしては、骨の数が少なすぎた。

あとは、どこに隠したのか。部屋じゅうを探して発見できなかった警察官は庭に出た。すると土が柔らかく盛り上がっている部分があり、総出で掘り返してみると大量の骨が発見されたのである。細かい骨は土に返っていたが、頭蓋骨の破片が大量に残っていた。

警察官たちは、いっせいに顔をそむけた。嘔吐している者もいた。

ラ・ヴォワザンの部屋を捜索していた警察官が、メモ書きを発見した。

そこには、いまをときめく上流階級の人々の名前と金額などが走り書きされていた。

なかでも目を引いたのが、ルイ一四世の寵妃《ちょうき》モンテスパン夫人だった。

64 自分を犯した父親を恋人に殺害させた美女——ベアトリーチェ・チェンチ 1577〜99 イタリア

富裕な貴族チェンチ家の次女ベアトリーチェは、それは可愛らしい少女だった。

背丈は人並みよりやや高く、色白。両頬にはえくぼがあり、微笑むと優雅さが全体に広がった。髪の毛は金の糸のようで、いつも巻き上げていた。髪をほどくと女性の雰囲気が漂った。眼は深いブルーで、愛嬌があって、いつもキラキラ輝いていた。

そのベアトリーチェを異常なほどに可愛がった父親のフランチェスコは、誰の目にも触れさせたくないばかりに、館のなかの一室に監禁した。

この監禁部屋は、まさに悪魔の部屋だった。

初めは、娘を抱きしめたり、キスの雨を降らせたりしていたが、やがて自分の身体じゅうにできた疥癬《かいせん》をかかせることもあった。陰嚢《いんのう》の裏までかかせて喜んだという。

やがて、それでは我慢できなくなったフランチェスコは、娘の肉体に興味を持ちはじめた。身体を洗うといっては全裸にさせ、ためつすがめつ眺め、膨らみはじめた乳房にさわり、生えはじめた金色の繁みに手を伸ばした。

そして、とうとう実の娘を手込めにしてしまったのである。処女であったことはいうまでもない。

それからもベアトリーチェは、毎日のように父親に犯されつづけた。

父親に凌辱されて床に投げ出されるたび、ベアトリーチェは、目尻から涙をこぼしながら父親への復讐を誓っていた。

薮のなかに長梯子を隠しておいて、ベアトリーチェの監獄部屋の窓から出入りする、ひとりの青年がいた。名前はオリンピオといい、チェンチ家の元執事だった。フランチェスコが眠っているあいだに忍びこんでは逢瀬を重ねた。オリンピオは、父親に開拓されたベアトリーチェの肉体の虜《とりこ》になった。

そのオリンピオに抱かれながら、ベアトリーチェは父親への復讐を語りつづけた。父親を殺すには味方が必要だったのだ。ベアトリーチェが恵まれていたのは、フランチェスコの暴君ぶりに腹を立てていた家族が協力してくれたことだった。

兄ジャコモから手に入れたアヘンを葡萄酒に入れておいたベアトリーチェは、部屋に入ってきた父親に飲ませようとした。だが葡萄酒が濁っているのを見て取ったフランチェスコは飲もうとしない。そこで母親のルクレチアが一口飲んでみせた。まさかアヘンが入っているとは知らないフランチェスコは、たらふく飲んで熟睡した。

ベアトリーチェは窓からオリンピオを呼んだ。オリンピオは、いまの主人を助っ人に連れてきた。ふたりは、鉄棒と麵棒でフランチェスコの頭部をメッタ打ちにして殺すと、窓の外の腐りかけたバルコニーの床を壊して、そこから死体を投げ捨てた。

65 死体愛好趣味があった大女優——サラ・ベルナール 1844〜1923 フランス

大女優サラ・ベルナールの部屋に招かれた男たちは、思わず戸口で立ちすくんだ。部屋の真ん中に棺桶が置いてあったのだ。それも黒檀《こくたん》と銀でできた豪華なものだ。おそるおそる近づいたひとりが、思わず息を呑んだ。

サラが棺桶のなかに、青白い顔をさせたまま横たわっていたのだ。

「サラ！　サラ！」

男のようすがおかしいことに気づいたほかの連中も駆け寄ってきた。

サテンの布地を張った棺桶には、サラが死んで横たわっている。

困惑した男たちは、初めて訪ねてきたサラの部屋を見て呆然としていた。

とにかく、部屋じゅうガラクタの山なのだ。どこで拾ってきたのかわからないもので溢れかえっている。酔っ払って持ってきたのではないか、そう思わせた。

部屋を見まわしていたひとりが、口を震わせながらベッドのほうを指差した。

ベッド脇の棚には、明らかにホンモノとしか思えない頭蓋骨が並んでいた。それもひとつやふたつではない。一〇個以上の頭蓋骨がきちんと並べられているのだ。オモチャでないことは、骨の質感や汚れ、歯の治療痕などでわかった。

「そういえばサラ、死体が好きっていってたよな」

そのとき男たちの脳裏に、いやなものが浮かんでいた。

浴室に死体を持ちこんだサラが、死体の首を切り落とし、髪の毛を剃り、皮を剝ぎ、肉を削ぎ、目をくり抜き、眼下から指を突っこんで脳味噌を引きずり出し、頭蓋骨だけにして飾っている。または、死体から切り落とした首を、そのまま腐るにまかせ、蛆虫《うじむし》に食わせておいてから、残った髪の毛や皮を剝ぐ。または……。

では、首を切ったあとの胴体はどこに処分したのか。そのまま焼却炉か、バラバラにして生ゴミか、それとも小刻みにして風呂場の下水口か、それともトイレか……。

いいかげんに気分が悪くなったとき、棺桶のなかで死んでいたはずのサラがむっくりと起き上がった。男たちは、悲鳴をあげることもできず、恐怖に顔を引きつらせた。

サラは悪びれもせずにいった。

「死んでいると思ったでしょう? 最近、このなかで眠ることにしているのよ。誰か、このなかで、私を抱いてくれる人はいない?」

そういってサラは、濡れた目を男たちに向けたが、誰も足を踏み出そうとしない。

すると、サラはむくれていった。

「じゃあ、誰も、私のことを愛していないのね」

なかのひとりが勇気を出して服を脱ぐと、棺桶のなかに入って、窮屈ななかでサラの足を広げさせた。抱きついてくるサラに、勇気ある男が聞いた。

「あそこの頭蓋骨はどうしたんだい?」

「パリの医学校をしらみつぶしにあたって、手に入れたの」

それを聞いただけで、男の陰茎は萎えていった。

66 毒婦の代表と呼ばれた女
——高橋お伝　1852?〜1879　日本

「あら、旦那じゃありませんか」

町角に立って、金になる男を物色していた高橋お伝《でん》は、懐中に手を入れて前かがみになり急ぎ足で歩いていく後藤吉蔵を見かけて声をかけた。

お伝に呼び止められた吉蔵は、聞こえなかったふりをして通りすぎようとしたが、暗がりから送ってくる視線に抵抗できなくなったのか、思わず立ち止まった。

「おまえは……まつ、ではないか」

「まつ」というのは、いってみれば、お伝の源氏名だった。吉蔵のほうも「内山仙之助」ということになっている。

吉蔵の目に卑猥な光がよみがえったことを見逃さなかったお伝は、吉蔵に身体をあずけ、まるで示し合わせていたかのように歩きはじめた。ふたりは、そのまま蔵前の丸竹旅館に入っていった。宿帳には「内山仙之助」「妻まつ」と記入した。

旅館の部屋に通されたからといって、すぐにナニを始めるわけではない。

酒と肴を命じ、しばし語らうのである。もちろん吉蔵の視線は、お伝が前かがみなったときに覗く乳房や、着物の裾がはだけたときに覗く太股に集中している。

フラフラと誘いにのった吉蔵のために弁護をするならば、お伝という女は色白の美人であるというだけでなく、名器の持ち主だった。入口がキンチャクのように締まるとか、天井が数の子のようになっているとか、奥のほうにミミズを千匹飼っているとか、そういう具体的なことは体験者ではないからわからないが、土手も穴も肥大で、男のものを丸ごと呑みこんでしまうような怪物だった。

好きで好きでたまらず、商売女にありがちな、わざとらしさというものがなかった。小便を漏らしたように本気で濡らすのである。

このとき、いつもより酒の量が多いことに吉蔵が気づいていればよかったのだが、このつぎに待っている快楽のことを思えば、そんなことはどうでもよくなっていた。

寝床が敷かれ、蚊帳《かや》が吊るされ、いざとなっても、お伝は誘いに乗ってこない。ようやく不審に思いはじめたころには、酔いつぶれてしまった。

吉蔵が前かがみで歩いていたときから懐中に大金が入っていると踏んでいたお伝は、古着屋の吉蔵が金側時計を買い取りにいくはずだった二五円（当時は八銭もあれば一軒家が借りられた）を奪うと、横を向いてぐっすり眠っている吉蔵の首筋に小刀をあて、返り血を浴びないように蒲団をかぶせると、刃先を横に引いた。

血が噴き出す音がしばらくつづいた。

翌日の昼ごろ、お伝は急用を思い立ったといって外出した。出がけに、

「うちの人、眠ってるけど、起こしたら怒りだすから、しばらく、そっとしといてあげて」

と釘をさすことを忘れなかった。

吉蔵の死体を包んだ蒲団の下には、「これは姉を殺されたことへの仇討ちである」旨の犯行声明を残していた。もしも逮捕されたときのために、お伝は嘘で塗り固められた架空のストーリーを考えなければならなかった。

67 女性同性愛者レズビアンの元祖——サッフォー　前7世紀末〜前6世紀初　古代ギリシャ

サッフォーは、髪の毛のほつれを気にしながら、足早に帰っていく教え子たちを見送りつつ、彼女たちへの嫉妬を隠せないでいた。

「どうして彼女たちは、私の気持ちをわかってくれないのかしら」

そうつぶやいたところで、サッフォーの気持ちが通じるわけではない。

サッフォーは、レスボス島にあるミュティレネという町で塾を開いている。

教えているのは、歌、舞踊、音楽、詩などで、若い女性しか教えない。彼女たちは、レスボス島はもとより、遠くイオニアの島々からもやってきている。彼女たちに囲まれて、竪琴を弾いたり、詩をつくったりするひとときは、ほんとうに幸せを感じていた。彼女たちが傍にいるだけで、心はずみ、若返るようだった。

サッフォー好みの教え子がいると、吐息がかかるほど近くに引き寄せ、文字どおり、手取り足取り教えた。そのとき彼女たちと肌が触れ合うだけで幸せだった。お気に入りの教え子と深い関係になったことも少なくない。彼女たちとのことは、詩のなかで語ってきた。それが、サッフォーの表現方法だった。

今日も、教える時間が終わったら、楽しくお話ししたり笑ったりしたいと思って、お茶とお菓子の用意までしていたのに、みんな、いそいそと帰っていってしまった。

ひとり残されたサッフォーは、彼女たちの温もりが残った椅子を撫でたり、頬ずりをしたりしながら、時が流れるのに身を任せていた。

彼女たちが、どこへ行ってしまったのかはわかっている。

島の若い男たちのところに行っているのだ。

もし、いまごろ、彼女たちが残ってくれていたら……お茶を飲ませ、お菓子を食べさせながら、お話をする。そのとき、彼女たちの傍に立って肩を抱いたり、髪の毛に触れたり、なかには、あの可愛らしい頬を指で押すこともできたかもしれない。

　お気に入りの教え子には、「あとで、話があるから」といって残らせ、二人だけの課外授業を始めることができただろう。そして場所も寝室に移し、生まれたままの姿になる。夜具に横たわったら、震える肩をそっと抱き寄せて口づけをする。そのまま、やわらかい肌に舌を這わせる。頬……首筋……肩……腕……。

　せつない吐息を漏らしたサッフォーは、お気に入りの教え子との甘い情事を夢見ながら自分の肩をかき抱き、白いドレスの下に手を這わせはじめるのだ。

　こうして、教え子たちとの同性愛に一生を捧げたサッフォーだが、一度だけ異性に恋をしたことがあった。島に渡ってきた若い船乗りだった。

　おそらく、その美しい顔立ちに憧れてしまったのだろう。おそるおそる声をかけるだけで胸ときめかせる自分が怖かった。声はうわずり、その肌に触れようと手を伸ばすのだが、いつも上手に逃げられた。

　彼が島から出ていったあとも頭から離れず、船を雇って追いかけたが、かなわぬ恋に絶望し、アポロンの神殿のある崖から身を投げた。

　女性どうしの同性愛者のことを、サッフォーの名前からサッフィズム、島の名前からレズビアニズムというようになったのは、それからのことだ。

68 詐欺師とともに活動した女スパイ――マタ・ハリ

1876〜1917 オランダ生まれ

ムーラン・ルージュの妖しい照明に操られるように、マルガレーテ・ゲルトルード・ツェレは、インド舞踊を踊りつづけていた。彼女につけられたニックネームは、マタ・ハリ。インドネシア語で「太陽」を意味している。

「国籍不明のダンサー」といわれるだけあって、マタ・ハリの容貌は東洋の香りに満ち溢れている。黒い髪に、黒い瞳、そして褐色の肌……。そして、セックスを強調した妖艶な踊りは、ムーラン・ルージュに詰めかけた男たちを魅了した。

オランダのレーウワルデンに生まれたマタ・ハリは、オランダ軍将校マクレオドの妻となってボルネオ、スマトラ、ジャワを転々としているあいだに、見よう見まねで舞踊を覚えた。夫とも別れパリに出たマタ・ハリは、高級娼婦として男たちの相手をしながら、新たな自分をつくり上げていった。

「ジャワ生まれでインド育ち。祖母はジャワの王様の娘で、父は高級将校。象に乗って虎狩りに出かけたこともあるわ」

いつしか嘘が真実となり、彼女はツェレの名をかなぐり捨てた。だが、娼婦あがりのダンサーは、いつまでたっても、金を積めば、やらせてくれる踊り子にすぎない。それで「ジャワの王様の末裔で、インド貴族の娘」が満足できるはずがなかった。

踊りながら、マタ・ハリの視線は、会場の最前列に坐っている、ひとりのフランス人将校から離れなかった。まるで彼のためだけに踊っているように見せることが必要だった。

すでに、その将校の気持ちをつかんでいることは、彼の視線をたどれば明らかだった。

飾りのついたブラジャー、やわらかそうな下腹部、丸い尻……そして、ときどき視線を合わせると、恥ずかしそうに目を逸らす。

一時間後、舞台を退けたマタ・ハリは、将校に腕を絡ませながらムーラン・ルージュをあとにした。飾りを取り、地味な服装をしているから、誰もマタ・ハリだとは気づかない。

このあとのマタ・ハリの行動は、いつもといっしょだ。

フランス軍施設まで将校を見送り、思いっきり淫らにサービスをする。

「何か、最近、おもしろいお話はないかしら」

そして寝物語でフランス軍の重要な「世間話」を聞く。あとはドイツ大使館付武官のフォン・カレに接触すれば、コードネーム「間諜H21」の仕事は完了する。

じつは、マタ・ハリの背後には「モンテサック侯爵」と名乗る高等詐欺師がいて、大金を稼ぐために彼女を使っているにすぎなかったのだが、それでもかまいはしなかった。

あの妖艶なダンサーのマタ・ハリが、フランスの軍事機密をドイツに売り渡していることは、誰も知らない。それだけで、よかった。

クスッと笑ったマタ・ハリは、ムーラン・ルージュのほうを振り返った。そこには、店名の由来にもなった、巨大な赤い風車がネオンの光を放ちながら景気よくまわっていた。

69 死者の霊を呼ぶ超能力姉妹の正体――フォックス姉妹 19世紀 アメリカ

「パパ、たいへんよ！」

ケイトが両親の寝室のドアをノックして駆けこんだ。

「どうしたんだね？」

「私たちの部屋に幽霊が出るの！」

三女ケイトが両親の手を引いて部屋に戻ると、次女のマーガレットも目を覚ましていた。

「トン、トン、トン」

ドアをノックする音が聞こえた。

家族は四人。みんな、ここに揃っている。ちゃんと戸締まりをしたはずだから、家族以外の者が家のなかにいるはずがない。強盗や泥棒ならノックなんかしないだろう。

妻と娘にじっとしているように命じた父親がドアを開けた。誰もいない。

「誰もいないじゃないか」

そういって戻ってくると、また「トン、トン、トン」と鳴る。父親はすぐさまドアを開けたが、やはり誰もいない。

「あなた……やっぱり、あの幽霊が……」

母親が父親の腕をつかんで、いった。

フォックス一家がこの家を借りることに決めたとき、ずっと以前、この家で行商人が殺されている事実を知った。だが、そんなことを意に介さない父親は借りてしまったのだ。

それが、いまごろになって現われるとは……。

さすがの父親も気味悪がり、隣人たちを呼んだところ、

「これは死者の霊の叩く音にちがいない」

といいだした。ノックだけではないだろう、とアルファベットの暗号を作成すると、霊はその暗号を覚えて、ノックの音で言葉を語りはじめた。

ただ不思議なことは、マーガレットとケイトの姉妹がいなければ、霊はやってこないということだった。父親は、娘たちに超能力があることを認めざるをえなかった。

彼女たちに降りてくる霊はアメリカじゅうで知られるようになり、何度も公開実験が行

なわれた。その参加者のなかには、小説家ジェームズ・フェニモア・クーパー、詩人ウィリアム・カレン・ブライアント、フランクリン・ピアス大統領夫人までいた。ときには死んだ有名人の幽霊どうしの対話が行なわれたりもした。

フォックス姉妹はニューヨークに移り住み、ひとりあたり一〇〇ドル以上で降霊会を開き、それから四〇年間にわたって稼ぎまくった。

「こんなの詐欺よ、いつまでつづけるの?」

ケイトが尻込みすると、マーガレットは魔女のような黒いドレスの裾をめくっていった。

「この足の親指を鳴らすだけでお金になるのよ」

両親をからかうつもりで始めた遊びが人生を変えることになったふたりは、もう後戻りができなくなっていた。

姉妹の背後に、嫁いでいた長女レアが黒幕として存在していたという説もある。

70 恋人に逢いたい一心で放火した娘――八百屋お七 1668~83 日本

「逢いたい。庄之介《しようのすけ》さんに逢いたい!」

お七は、小さな胸をかき抱いて悶えた。

庄之介の顔が、声が、身体が……まぶたに浮かんで離れない。

庄之介に抱かれたときのことを思い出すと、それだけで身体の奥がうずき、頬が染まった。とろりと濡れてくるのが、よくわかった。

こんなになるんなら、清いままでいればよかった。そうも思った。

恋人の生田《いくた》庄之介に初めて会ったのは、三カ月前のことだ。大きな火災が起きてお七の家が焼け、正仙院という寺に間借りすることになったのだが、その寺に庄之介はいたのだ。

一七歳の庄之介は見るからに美少年で、お七はひとめぼれしてしまったのである。すぐに、というわけではないが、何日かすると話をするようになった。

初めて会ってから一〇日もたったころ、お七は庄之介に抱きすくめられ、口を吸われた。それだけでも驚きなのに、小さな胸をまさぐられ、胸の先の蕾をいじられた。そのとき、お七は初めて快感を知った。乳首を擦られたりつねられたりするだけで濡れてくるのがわかった。そして……そのまま押し倒され、着物の裾をめくられて……。

いちど抱かれると、もう居ても立ってもいられなくなった。いまごろ庄之介が何をしているのかと思うだけで、そわそわした。庄之介のことを考えるだけで濡れた。

夜、蒲団に入ってから、自分で慰めたりするものだから、ますます苦しかった。

下女の雪《ゆき》に頼んで恋文を渡したこともあった。

丸一日会わなかっただけで疲れてしまい、会ったときには激しく求めあった。

ところが、焼け出されて一カ月後には新居が完成し、引っ越してしまわなければならなくなってしまった。恋人になって、わずか半月での別れだった。

それでも恋文をやりとりし、庄之介が訪ねてきてくれたときには動物のように交わりあった。その情交が激しければ激しいほど、庄之介が戻ってから情念が燃え上がった。

髪の手入れもせず、爪も切らず、もちろん化粧もしなかった。食欲がなくなり、どんどん痩せ細っていった。薄暗い部屋のなかで庄之介のことばかり考えていた。

そして、とうとう、突拍子もない考えに至ったのである。

もういちど火事を出せば、正仙院で生活ができる。庄之介とも会えれば、抱いてももらえる。抱いてもらえれば……。

そうだ、そうだ、火事を出せばいいんだ。

そう思ったお七は、ゆっくりと立ち上がった。

第8章　色と欲に狂った宗教家たち

71 毒薬カンタレラでもてなす悪魔の宴会――アレクサンデル六世 1431〜1503 スペイン生まれ

ある暑い盛りの昼下がり、ローマ教皇アレクサンデル六世は、妾に産ませたチェーザレ・ボルジアをともなって、枢機官アドリアノ・ダ・コルネトの葡萄園に出かけた。ふたりそろって招待されたのである。

迎えの馬車も葡萄園のなかまで入ることはできず、しばらく炎天下を歩かされたふたりは、喉が渇いてたまらず、冷たい水を所望した。

すぐに枢機官の召使いがコップをふたつ持って走ってきた。このとき、コップの表面が冷気で濡れていることに気づけばよかったのだが、喉が渇いているふたりは、疑うことなく、一気に水を飲み干してしまった。純粋な水かどうかさえ気づく余裕はなかった。

甘露な水を満足げに飲み干したアレクサンデルは、飲み終わった瞬間に見せたアドリアノの満足げな顔を見て、いやな予感がした。

隣のチェーザレを見ると、やはりおなじことを考えているのか、唇を震わせている。

まさか……カンタレラではあるまいな。アレクサンデルの脳裏に、カンタレラの五文字が重くのしかかった。

カンタレラは、ボルジア家秘伝の毒薬である。

逆さに吊るした豚の腹に包丁を入れて、そこに大量の亜砒酸《あひさん》を入れる。そのまま何昼夜もぶら下げて腐らせ、さらに乾燥したところで、豚の内臓のところだけを砕いて粉末にするとできあがる。または、亜砒酸入りの内臓をドロドロになるまで煮こんで、さらに水を加えて液体にする。これで、乾燥または液体のカンタレラは完成する。

カンタレラの特徴は、さじ加減ひとつで、数日後に殺すことも、半年後に殺すこともできる、ということだ。まさに魔法のような毒薬だった。

実際、アレクサンデルもチェーザレも、カンタレラで何人もの敵を殺してきた。じつをいうと、いま目の前で満足げにほくそえんでいる枢機官も暗殺リストに載せており、召使いに命じて、カンタレラの粉末を持参していたのだ。暑さに負けて、すっかり油断してしまい、先を越されてしまったのである。

この悪魔の宴会から帰って数日後、アレクサンデルとチェーザレは病床についた。皮膚にしわが増え、肌が萎《しぼ》みはじめ、両目は落ちくぼみ、髪の毛も白くなりはじめた。そのうち、歯がすべて抜け落ち、呼吸もままならなくなった。歩くことはもちろん、笑うことも、寝ることさえもできなくなった。カンタレラに間違いなかった。

葡萄園での悪魔の宴会から一三日後、アレクサンデルは死んだ。

死後、アレクサンデルは口から、ぶつぶつと泡を吹きはじめた。夏の腐敗も手伝って遺体は不気味に膨れはじめ、とうとう縦も横もわからないような肉の塊と化してしまった。これが毒殺魔アレクサンデルの、毒殺魔らしい最期だった。

チェーザレのほうは、「馬の腹を割いて胎内に入って血や臓腑に漬かれば解毒される」という迷信を信じて実行したせいか、なんとか一命は取りとめたが、身体じゅうの肌がしわしわになり、髪の毛がすべて抜け落ちる無惨な容貌に成り果てた。

72 女帝をたぶらかした色三昧の僧侶——弓削道鏡 700?〜772 日本

「女というものは、わからぬものよ」

弓削道鏡《ゆげのどうきょう》は、脂がのりきった孝謙《こうけん》女帝の肌に吸いつきながら思っていた。

このあいだまで、恵美押勝《えみのおしかつ》こと藤原仲麻呂《ふじわらのなかまろ》とのことを、「見ているだけで微笑ましくなるわ」とのろけていた女帝が、いまでは生臭坊主に組み敷かれて、腕のなかで喜悦の声をあげている。

道鏡にいわせれば、藤原仲麻呂との関係は愛などといえるものではない。せいぜい恋ぐらいのものだ。

東大寺大仏開眼供養の帰途、仲麻呂の邸宅に招かれた孝謙女帝は、仲麻呂のインテリ知識に誤魔化され、三〇半ばにして女の喜びを知った。いや、知ったつもりになった。年増にはなっているが、精神的に若い孝謙女帝が、初めて恋をしたのだ。

だが働き盛りの仲麻呂は出張が多く、なかなか抱いてもらえない。

そんなとき、病に倒れた孝謙女帝の枕もとで加持祈禱《かじきとう》をし、病を治してみせたのが道鏡だった。はっきりいって、加持祈禱で病を治したわけではない。あれは注文主から高い金をふんだくるための道具にすぎない。

道鏡は、心の治療を行なっただけだ。そのためには、孝謙女帝の手を取る必要があり、肌に触れる必然性があった。しかたなく着物を脱がせたときには、孝謙女帝のほうから肉体を投げ出してきた。そこまできて逃げては、女に恥をかかせることになる。

あとは、男と女。口吸いから始まり、乳繰りあっているうちに、孝謙女帝が声を荒げ、白い肌がピクリピクリと震えてきた。ふたりとも、たまらなくなっただけのことだ。

孝謙女帝と道鏡の仲は朝廷でも話題になった。

そのことを、のちの淳仁《じゅんにん》天皇が「いいかげんにしたらどうです?」などと説教したものだから、孝謙女帝はますます道鏡にうつつを抜かしはじめた。火に油を注いでしまったのだ。

しかも、のちの淳仁天皇の陰に、かつて恋した仲麻呂がいるとわかったものだから、「さかさまに穢《きたな》き奴」とまで蔑《さげす》むようになった。

少女のように心震わせた相手をののしる反面、道鏡にぶつけてくる肉欲は凄まじかった。いつもは組み敷かれているのに、騎乗位になったり、お尻を向けたり、さすがの道鏡もたじたじになるほどだった。

ここまで自分の肉体に溺れさせれば、孝謙女帝は何でもいうことを聞いてくれるにちがいない。法王、いや天皇位も夢ではないかもしれない。そうすれば、性技だけが得意な生臭坊主から抜け出すことができる。

そう思いながら道鏡は、孝謙女帝の熟れきった四〇半ばの柔肌に顔を埋めながら、ほくそえむのだった。

73 大奥の女に行なわれた秘密の淫乱祈禱——延命院日道 1764?〜1803 日本

日暮里《にっぽり》にある谷中延命院《やなかえんめいいん》の住職日道《にちどう》は、本堂に集まった婦女子らに説教をしながら品定めに余念がなかった。説教の中身はたいしたことはないし、繰り返し話しているので、放っておいても口をついて出てくる。

だが聞いている連中は、そんなことはどうでもいいのだ。まるで見世物小屋の入場料でも払うかのように御布施を持参してきて、説教も聞かず、日道の顔ばかり眺めている。

日道上人は、歌舞伎役者とも見まごうばかりの美男子なのだ。水もしたたる、という表現がいちばん的を射ている。そろそろ四〇に手が届こうかという、男としても脂の乗りきった年頃だ。甘い顔立ちのなかにもいかめしさが宿っている。

延命院に通ってくる婦女子のほとんどは、日道の評判を聞きつけてやってきた初心者にすぎない。たいして金があるわけでもない。多くの奥さま方は家計をやりくりしたり、ヘソクリをはたいたりしてくる。町娘たちは神妙な顔で「お寺に行く」といって小遣いをせしめてくるのだ。

このなかから日道が探しているのは、金のある女だ。大奥の女連中も金離れがいい。

大金を持ってくる女には特別祈禱を施す。ときには通夜におよぶこともある。

特別祈禱というのは、本堂の奥で極秘に行なわれる。独鈷《とっこ》がわりに肉棒を握り、熱くたぎった女の焚火を鎮めるのだ。

たいていの女は、初めは驚き、つぎには喜悦に叫び、最後は腰を抜かして帰っていく。口外することは禁じられているが、日道を独占したい女たちは誰にも教えはしない。それが、この商売を長引かせてくれている。

はなから大金を持ってくる女は、この特別祈禱が目当てなのだ。

今日も、江戸城西丸の大奥の下女が顔を見せている。濡れた瞳で日道をとらえて離さない。しばらく無視していたから、今日あたりは相手をしてやらなければなるまい。

日道は目顔で、ここに残るよう命じた。とりたてて美人ではないが許してやろう。美人がすべてアソコのぐあいがいいわけではない。醜女《しこめ》のなかにも名器は混ざっている。

奥の間に女を連れていき、着ているものを脱がせた。うなじに唇をあてながら両手を前にまわし、左手を乳房から腹へと這わせ、右手を繁みの奥へ進めた。そこは熱くぬかるんでいた。さっき日道と目が合ったときから、こうだったにちがいない。

だが、日道の左手が危険信号を唱えていた。乳首が太り、乳房が張っている。明らかに妊娠している。

女が恥ずかしそうにいった。

「月のものがございませんの。わたくし、どうすれば……」

どうすればこうすればもない。産ませてしまえば、すべてが露見する。

こんなこともあろうかと親しい医者に調合させておいた堕胎薬と水を持ってきた日道は、自分の目の前で女に飲ませながら思った。この薬代も請求できるのではないか、と。

74 人妻を片っ端から犯しつづけた怪僧――ラスプーチン

1869?～1916　ロシア

ラスプーチンは、先を争うように自分の指を舐める女たちを見ていた。

ラスプーチンを教祖と仰ぐ女たちは、魚・卵・黒パン・果物など教祖の好むものを運んできては料理をする。そして皿に盛ったところで、やおらラスプーチンが手づかみで食べはじめると、息を呑んで見つめつづけるのだ。

ラスプーチンのまわりに女たちが寄ってくるのには理由があった。

ある日、ラスプーチンのもとに皇帝ニコライ二世の使者がやってきた。ちょうど自分の家の地下教会で淫靡《いんび》な集会を催し、何組もの男女が狂ったように睦《むつ》みあっている最中だった。だが皇帝からの使いと聞いて、真顔になって尋ねた。

「どなたかが、病気ですかな?」

そのとおりだった。ニコライ二世の子で皇太子のアレクセイは、皇后方のハプスブルク家の遺伝で、いちど血が出たら、なかなか止まらない血友病の持ち主だったのだ。そのアレクセイが瀕死《ひんし》の床にあるという。

宮殿に到着したとき、ラスプーチンは着の身着のままの汚い農民の格好だった。

ラスプーチンは、ベッドに近づいてアレクセイのようすを見ると、枕もとに坐って、小さな額にそっと手を置いて、わけのわからない呪文を唱えはじめた。

このときラスプーチンは、目をつぶりながら時間を計算していた。血友病で瀕死であっても、そろそろ血が止まり、目を覚ますはずだ。そのための呪文なのだ。

「さあ、坊や。もうだいじょうぶだ。目を開けてごらん」

アレクセイは目を覚ました。皇后アレクサンドラが息を呑んだのがわかった。

「お母さん、坊やに水を汲んできてあげてください」

皇后が駆け出していったあいだに、ラスプーチンは少年の心を静める妖精の話をし、皇后が汲んできた水を「妖精の水」といって飲ませた。暗示にかけたのである。

この騒ぎ以来、ラスプーチンは皇室出入り自由の身となり、信心しはじめた皇后があちこちで評判を触れまわってくれたおかげで、女たちが集まるようになったのである。

いま、ラスプーチンの指を舐めている女たちも評判を聞きつけてやってきたのだ。もちろんラスプーチン自身に人を引きつける魔力が備わっていたこともたしかだ。

女たちが、ラスプーチンの指を舐めながら興奮していることは、上目遣いで見る目の濡れ方でわかった。なかには、ラスプーチンの太い指を陰茎とまちがえているのか、顔を前後に動かしながら腰を蠢《うごめ》かしている女もいる。

女たちがひととおり指を舐めおわったところで、ラスプーチンは静かに命じた。

「さあ、脱ぎなさい」

75　日本のラスプーチンと呼ばれた行者——飯野吉三郎　1867〜1944　日本

「先生、そんなに声を出しちゃダメじゃないですか。向こうの部屋にいる秘書に聞こえてもいいんですか。それとも、そこの窓を開けて、生徒たちに聞かせましょうか」

飯野《いいの》吉三郎《きちさぶろう》は、下田歌子のうなじに臭い息を吐きかけながらいった。

大きな机に両手をつかされ、黒いスカートをたくし上げられた淫らな格好で、飯野吉三郎の醜い毛むくじゃらな巨体にうしろから刺し貫かれている下田歌子は、恥ずかしさに顔を真っ赤にしながら、小さく叫んだ。

「そんな……やめてください」

「この、ぬちゃぬちゃした、いやらしい音を生徒たちに聞かせましょうか？」

「いやあ……」

創立者である下田歌子が校長をつとめる華族女学校の校長室に吉三郎が訪ねてくると、いきなり緊急な重要会議が始まることになっている。校長室の厚い扉は閉ざされ、ふたりだけの卑猥な空間に早変わりする。隣の控え室で秘書がわりの女生徒が聞き耳を立てているかもしれない、という緊張感が、ますます歌子を官能の境地へ押し上げていくのだ。

飯野吉三郎は、表向きは神道行者ということになっている。もともとは岐阜の岩村町で山伏の修行に励んでいたのだが、東京青山の隠田《おんでん》に道場を開いてからは、もっぱら加持祈禱占いを商売にしてきた。いちど山師に金脈を掘り当てさせたことがきっかけで、首相の山県有朋《やまがたありとも》など政治家までが出入りするようになった。この詐欺師のような男が、いまでは一国の政治決定に口まで出しかねない状況になっていた。

下田歌子もおなじ岐阜の岩村町の出身で、幼なじみのようなものだった。その歌子が教育者として名を挙げはじめたのを見逃さず、取り入ったのである。

いずれは、この下田歌子を利用するだけ利用して、政界だけでなく、皇室にも顔を利かせたい。飯野吉三郎は、本気でそう考えていた。

そのために同郷であることをいいことに下田歌子に近づき、強姦同然に犯し、蹂躪《じゅうりん》し、吉三郎なしではいられない肉体に変えてしまったのである。

いまでは歌子のほうが、吉三郎の登場を待ちわび、校長室の扉を閉めたとたんに顔つきが変わる。自分からスカートをたくし上げ、吉三郎の袴を解きはじめるのだ。

それにしても……しかつめらしい顔をしていればいるほど、ナニのときの態度は淫猥だ。

卑猥な言葉を吐かせようとすると、初めは毅然としているが、ちょっとお預けを食らわせてやると、肉体のほうが我慢できなくなり、とんでもない言葉を吐き散らす。

周囲の音が耳に入らなくなり、ただ気をやることだけを考えるようになる。

あと少しで、皇室にまでのぼりつめる。あと少しで……。

そう思いながら飯野吉三郎は、獣のような声をあげはじめた下田歌子の肉体を裏返して床に押し倒し、かぶさっていくのだった。

76 セックスを教義にした錯乱教祖――クロウリー 1875〜1947 イギリス

ある早朝、厚手のセーターを着こんだ老いた漁師が、波で打ち上げられる海藻を採ろうと岩場を歩いていた。そのとき漁師は、海鳴りのような音を聞いた。立ち止まって、よく聞いてみると、それは、消え入りそうな人の声だった。

あたりを見まわした漁師は、思わず腰を抜かしそうになった。

少し離れたところにある大きな岩に、若い女が「大」の字にくくりつけられているのだ。

それも全裸の姿で……。縄で上下を縛りつけられた乳房は空に向かって盛り上がり、下腹部の繁みは風にそよいで揺れている。

近づいてみると、その若い女は傷だらけだった。縄で縛られた痕が赤く残り、縄をほどこうと抵抗したのだろう、岩場で傷ついた背中からは幾筋も血が流れている。いや、流れた跡に赤黒くこびりついている。どうやら夜中のうちに、くくりつけられたらしい。尻の下からは大量の液体が漏れ広がり、岩に染みをつくっている。

不憫《ふびん》に思った漁師が縄をほどいてやろうとすると、若い女は必死に首を横に振っている。そのたびに、目尻から涙が飛び散った。

「どうしてだい？」

漁師がいぶかっていうと、若い女は必死になって答えた。

「そんなことをしたら、あなたは、あいつらに殺されます」

「あいつらって、誰のことだね」

若い女は、黒目を上のほうに持ち上げた。その方向を見ると、はるかかなたの丘陵の上に、ひとりの男が立っており、漁師と若い女のほうを見下ろしていた。

若い女が恐れた男の名は、クロウリーという。

この女は、クロウリーの命令に逆らったために厳罰に処せられているのである。

サンタバーバラ丘陵の上に建てられた家にはクロウリーと、クロウリーを教祖と仰ぐ信者たちがいて、共同生活を行なっているのだ。クロウリーのいうことにさえ従っていれば、あとは何をしてもかまわない。

ただし、一日五回の儀式には出席しなくてはならない。地獄の悪魔に祈りを捧げる儀式では、動物が悪魔に捧げられる。血に溢れかえった祭壇では、選ばれた女が教祖と交わるのだ。血びたしの性儀式は、信者たちの理性を狂わせ、やがて乱交パーティに発展する。

何をしてもかまわない共同生活では、本能にしたがったセックスがすべてだった。

この集団生活にたどりつくまで、クロウリーはエジプト、インド、中国、南アフリカ、地中海……と世界じゅうを旅し、セックスを教義とする独自の宗教を勝手に創造したのである。その間、妻を死なせ、愛人をセックスの奴隷にしてきたのだ。

すっかり怖じ気づいて岩場を立ち去ろうとした漁師は、若い女の股間がとろりと光っているのを見て、総毛立った。

77　人造人間ホムンクルスをつくった魔術師——魔術師シモン　生没年不詳　聖書

イエスにできて、私にできないはずがない。

傲慢で嫉妬深い魔術師シモンは、イエスの奇蹟をせせら笑っていった。

「私なら、空中から人間をつくることができる。——いま、この空気中には人間の霊がうじゃうじゃしておる。人間というのは、死んで消滅するものではない。目に見えないものに姿を変えるにすぎんのだ」

そういってシモンがあたりの空気を吸いこみはじめると、空中に丸い空間が出現し、そのなかに水らしきものが浮遊して見えた。じっと目を凝らすと、水のように見えた液体は徐々に徐々に赤く染まっていき、誰の目にも血に見えた。

それは、やがてドロドロした粘液状になって、しだいに固まりはじめた。

見ている誰もが固唾《かたず》を呑んで見守っていた。咳払いひとつ聞こえなかった。

血の塊のように見えていたものは、少しずつ形を変えていった。同時に色が抜けていくと、誰もが驚きを隠せなかった。血が肉になりはじめているのだ。白い塊は上のほうでくびれたかと思うと、頭らしきものが生まれ、手、足も生えはじめた。まるでおたまじゃくしの変態を見ているようだった。そして頭の部分には、目があり、口も、耳も、鼻もあった。髪の毛さえ生えはじめていた。

そこには、ひとりの子供の姿があった。

のちにホムンクルスと呼ばれる人造人間の誕生だった。

空中に浮かんだ空間は、まるで子宮のようだった。妊娠中の女の腹を掻っさばいたら、きっと、こんなふうに見えるのではないかと誰もが思っていた。

見ている者たちは、どよめいた。そして拍手が沸き起こった。どんな高名な錬金術師も真似のできない術を披露して見せたのである。

だが幻術のショーは、これだけでは終わらなかった。

その技を認めさせたシモンは、せっかく蘇らせた子供を、固体から液体、液体から気体へと戻しはじめたのである。非難の声、怒りの声、罵声が飛び交った。

シモンは、人間を蘇らせるのが目的ではなく、自分の実力を示すのが目的だったのだ。

シモンの幻術に反発していた者たちのなかには、ショーがインチキだと主張する者がいた。もし子供を蘇らせることができるのなら、自分自身も蘇らせることができるはずだと。

それを耳にしたシモンは弟子たちに命じた。

「私は生きたまま埋葬されても、三日めには起き上がるだろう」

そういって弟子たちに墓穴を掘るように命じると、シモンはすすんで穴のなかに入った。

そして土をかけるように命じた。初めは抵抗していた弟子たちも、命令には逆らえず、ゆっくりゆっくり土をかけはじめた。弟子たちは泣いていた。

だが三日経っても四日経っても、シモンは墓のなかから出てこなかった。

いまもって墓から這い出してきたという報告はない。

78 魔術と錬金術療法の妖しい医師——パラケルスス

1493〜1541　スイス生まれ

「先生、なんとお礼を申し上げればいいか……」

病気の息子の母親は、パラケルススの両手を握りながら、涙を流した。

この程度の病気を治したぐらいで涙を流すとは……なんと愚かしいことか。まあ、それも無理はあるまい。この貧しい農家では、町医者はおろか村の医者にさえ、病気の息子を見せる金はなかろう。病は医者が治すものだが、たいていは金がモノをいう。

飛びぬけて優秀であるがゆえに、傲岸不遜《ごうがんふそん》で、喧嘩っ早く、権力に逆らって祖国バーゼルの大学教授の地位を追われたパラケルススは、ヨーロッパ諸国を放浪していた。

その途中、オーストリアの西部インスブルック近くに立ち寄ったとき、「息子が病気なんです」と、一軒の貧しい農家に招かれたのである。

治療には、少量の水銀を用いた。少量の水銀は新陳代謝を助けてくれる。治療を終えて帰ろうとすると、母親に呼び止められた。金がなくて何もお礼ができないから、せめて食事をしていってくれというのだ。

たしかに貧しい食卓だった。じゃがいもを揚げたものしかない。

だがパラケルススは、母親が用意した「ご馳走」をよばれた。貧しいが、精一杯の心づくしに感謝し、暖炉の上に置いてあった、茶色く錆びた鉄の火掻き棒を手に取った。そして腰にぶらさげたままの剣を取り出した。鍔《つば》のところが容器入れになっている。そこから黄色い軟膏を取り出したパラケルススは、錆びた火掻き棒に塗りたくりはじめた。

すると、錆びた刀は、見る見る黄金色に輝きはじめたのである。

見るも鮮やかな錬金術だった。

驚きのあまり、口をあんぐり開けている母親に向かっていった。

「さあ、これを持って、町の金銀細工屋に行きなさい。高く売れるはずだ」

それだけいうと、パラケルススは貧しい農家を出た。

そろそろ、この町から出ていかなければなるまい。

パラケルススは放浪しては錬金術を見世物にしてきた。もちろん、ほかの金属から金が精製されるはずはない。あの火掻き棒にしても、地金が出たにすぎない。

こんな調子だから、パラケルススは一カ所に四カ月以上は滞在しなかった。いや、できなかった。錬金術を信じる愚かな大衆がいるかぎり、食っていける。

パラケルススは、苦笑いしながら、つぎの町をめざして歩きはじめた。

79 貴族主宰の悪魔礼拝つき乱交パーティ

――サー・フランシス・ダッシュウッド
1708〜81 イギリス

その修道院は、テムズ河畔のメドメナムにあった。

「『地獄の火クラブ』というおもしろい趣向の会があるんだが、行かないか」と文学仲間に誘われるまま馬車に乗ってきた男は、入口の門に掲げられた「汝の欲するところをなせ」と書かれた額を見て唖然とした。通りすぎる庭のなかにも、「歓楽きわまりて、ここに死せり」とか「この場所にて数限りない接吻を交わせり」といった卑猥な看板が、あちこちに掲げられている。

修道院の玄関をくぐると、いきなり入社式が行なわれた。会場には、すでに何度も通っている聖職者もいれば、初めての者もいた。その男と同数の女もいた。仮面をかぶって恥ずかしそうにしている貴婦人ふうの女もいれば、いかにも男慣れした娼婦たちもいる。入社式は、話には聞いたことがある黒ミサそのままだった。ただ、生贄《いけにえ》が死んだり、生き血をすったり……といった残酷なものではないにせよ、充分に不気味だった。

司祭に扮した男こそ、この修道院の院長で、「地獄の火クラブ」を主宰するサー・フランシス・ダッシュウッドだった。しかも副院長はサンドウィッチ伯爵、執事は詩人ポール・ホワイトヘッドではないか。そのほかにも、ロンドン市長を経験したこともあるジョン・ウィルクスなども名前を連ねているというから常軌を逸している。

修道士たちは白い帽子、白い上衣、白いズボンに身を包み、院長のダッシュウッドだけがウサギの革で飾られた赤い縁なし帽をかぶっている。入社式が終わるころ、そのダッシュウッドが、式に参列していた貴婦人ふうの女のなかから、ひとりを選んで会場から出ていった。貴婦人ふうの女のなかでも、いちばん恥ずかしがっていた女だった。

「院長は、やっぱり、あの女を選んだか。あんな女ほど、乱れたら激しいからな」

男が首をかしげていると、文学仲間が教えてくれた。

「入社式の司祭をつとめる男は、いちばん初めに女を選ぶ権利があるんだ。おまえも早くしないと、女にありつけないぞ」

見ると、あちこちでカップルが誕生している。どうやら「地獄の火クラブ」というのは、淫蕩貴族が趣味で主宰している悪魔礼拝つきの乱交パーティらしい。

残りもののように立っていた、どう見ても五〇近い仮面の女とペアを組むことになった男は、いきなり手を引かれて小部屋に連れこまれた。

片手で男のズボンを脱がせ、もう片方の手で自分も下半身裸になった女は、男の陰茎を口にくわえて大きくさせると、いきなり乗馬のようにまたがって腰を落とした。

「この修道院は半年に一度しか開かれないの。それに一回一五日以上はいられないの。だから、思いっきり遊ばなきゃ。ね、ね、何回出してもいいのよ」

「妊娠したら、どうするんです？」

「会員には医者も産婆もいるから、無事に流産するまでは滞在できるの。ね、だから！」

自分で垂れた乳房を揉みしだいて悶える女の背後には、主宰者のコレクションなのか、淫猥な絵画が何枚も飾られている。一五日間もあれば、すべての女を抱くことが可能だろう。さっき見かけた仮面の女を抱きたくなった男は、腰を使って年増女を狂わせはじめた。

80 不老不死の薬を常用する二〇〇〇歳の男――サン・ジェルマン伯爵 1707?〜84 フランス

「サン・ジェルマン伯爵、こんど、わが家で晩餐などいかがですかな？」

カサノーヴァは、年齢不詳の男に向かっていった。二〇〇〇年前から生きていると自嘲気味にいう男は、聖書に出てくるシバの女王と談笑したこともあれば、イエス・キリストが水を酒に変える奇蹟を行なった現場に立ち会ったこともあれば、バビロンの都にも旅行したこともあるというのだ。

では白髪の老人かと思えば、そうではない。いつ会っても四〇歳くらいにしか見えず、髪も黒々としている。身長こそ低いが、身なりも立派だ。

また、フランス語はもちろん、英語・ドイツ語・イタリア語・ポルトガル語・スペイン語・ギリシャ語・ラテン語・アラビア語、さらに中国語やサンスクリットまでしゃべり、ヨーロッパの宮廷の歴史、化学や錬金術の知識にも恵まれているという。

このように博識で、会話も巧みとなると、いちど、じっくり食事でもしながら話をしたいと思うのは、カサノーヴァならずともおなじことだろう。

じつはカサノーヴァは、ひとつの賭けをしていたのだ。

サン・ジェルマンが食事に応じるか応じないか、をだ。

これまでサン・ジェルマン伯爵には、多くの逸話が残されているが、誰もが不思議に思うことがあった。それは……彼が食事をするところを見た者がひとりもいないのだ。

サン・ジェルマン伯爵は、言葉を選ぶようにいった。

「せっかくですが、私は食事をしません。丸薬とカラスムギを食べるだけですから」

丸薬というのは、誰もが噂しているサン・ジェルマン特製の不老不死薬であろう。だがカラスムギというのは、麦畑に生える雑草で、カラスが食べたり、非常食になるぐらいのもので、普通は食べない。ますます頭を抱えこんでいるあいだに去っていってしまった。

かつてカサノーヴァは、サン・ジェルマン伯爵の召使いと執事に「きみの主人の年齢はほんとうなのかね」と意地悪な質問をしたことがあった。そのとき召使いは、こう答えた。

「お許しください。わたくしは、伯爵さまにお仕えするようになってから、まだ三〇〇年しかたっていないものですから」

執事のほうは、こういう返事だった。

「伯爵さまは、どなたにでも四〇〇〇年生きている、とおっしゃっています。わたくしはお仕えするようになってから一〇〇年しかたちませんが、そのころは三〇〇〇年生きているとおっしゃいました。ということは、伯爵さまは九〇〇年余計に数えていらっしゃることになります。それ以前のことになりますと、わかりかねます」

話す相手によって二〇〇〇年だったり、三〇〇〇年だったり、四〇〇〇年だったり、まったくいい加減な話だが、召使いや執事の年齢も尋常ではない。

また友人に向かって、「つぎの世紀のために、汽車と汽船の発明を急がなければならない」と忠告しているところを見ると、二〇〇〇年前どころか、未来に行ったことがあるのではないかと思えてしまう。はたして、サン・ジェルマン伯爵は、希代の大法螺《おおぼら》ふきだったのか、それともタイムトラベラーだったのか。

サン・ジェルマン伯爵の背中を見送りながら、カサノーヴァは嫉妬にも似た感情に心惑わされていた。

81 夢を支配しようとした貴族詩人 ――エルヴェ・ド・サン・ドニ侯爵　1822〜92　フランス

エルヴェ・ド・サン・ドニ侯爵は、舞踏会で踊りながら、ある計画を思いついていた。いつも現われて、すっかり馴染みになっているふたりの女を支配しようと思ったのである。ただし実際に支配するのではない。夢のなかで支配するのだ。

一四歳のときから、ずっと夢日記をつけているエルヴェは、いまでは夢なしでは生きていられなくなっていた。一日の疲れを癒すために寝て、夢を見るのではなく、夢を見るために一日をすごしているのだ。

エルヴェは、まず舞踏会の演奏の指揮者に頼んだ。

「あそこで踊っている彼女と、そこで踊っている彼女がいるだろう？　もし、私が、彼女たちと踊るときには、私がいう音楽を流してほしいんだ。ふたりともおなじ曲ではなくて、あそこの女のときには、これ。そこの女のときには、これ。というように決めてあるから」

翌日、エルヴェは町のオルゴール店に、それぞれの曲のオリジナル・オルゴールを注文した。舞踏会のシーズンが終わるころには出来上がるはずだ。

その日の夜の舞踏会から、エルヴェは彼女たちと踊るときには指揮者に合図を送って、おなじ曲で踊ることになった。彼女たちは、「昨日もこの音楽でしたわね」と偶然を楽しんでいたが、まさか作為的だったとは思いもしなかっただろう。

舞踏会のシーズンが終わってオルゴール屋に走ったエルヴェは、完成したオルゴールを大事に抱えたまま時計屋に寄って、目覚まし時計を一個購入した。

持ち帰って目覚まし時計の裏ぶたをはずしたエルヴェは、ベルのかわりにオルゴールが鳴るように細工をした。もちろんオルゴールは、いつでも交換できるようにしておいた。

そして、夢を見やすい朝方に鳴るようにセットして、隣の部屋に置いた。あまり音が大きいと、オルゴールの音で目覚めてしまうおそれがあったからである。

最初の晩は、隣の部屋との境のドアを閉めておいたので、オルゴールの音が聞こえなかった。だが二日めの晩は成功だった。オルゴールが鳴りはじめると、エルヴェは、その曲の女と踊る夢を見ることができたのである。

それからというものエルヴェは、夢で見たい女に合わせてオルゴールを用意しておくことにした。こうして、いつでも好きな女の夢を見ることを成功させたのである。

この聴覚を使った方法以外にも、匂いを記憶させて夢を見ることも実験したが、こちらも成功だった。ただ、ひとつだけ難点があった。夢を支配しようとするあまり、夢と現実世界の境目がはっきりしなくなりはじめたのである。

第9章　歪んだ情欲に身をまかせた変態たち

82　妹に近づく者は殺す近親相姦一家の兄——チェーザレ・ボルジア　1475〜1507　イタリア

夜露で湿った石畳を踏む自分の靴音を聞きながら、チェーザレ・ボルジアは歩みを速めていった。大きなマントで身を隠したうえ、顔には仮面をつけていた。仮面舞踏会ではないが、そのパーティ会場では、さほど違和感は感じられなかった。

ご機嫌に酒を飲んでいるひとりの男に近づいたチェーザレは、そっと耳打ちした。すると男は、「わかった、パーティが終わってからにしてくれ」と返事をして、また酒を飲みはじめた。男の名前は、ホアン。チェーザレの実弟である。

その現場を見ていた人は、男色の趣味も持ちあわせているホアンを、恥ずかしそうに仮面をかぶった恋人が誘いにきたのに、「あとで」とお預けをしたように思ったという。

やがてパーティが終わり、三々五々散りはじめるとホアンは、仮面の男を馬に乗せて、そそくさと走り去ったという。

ホアンに近づいた仮面の男チェーザレは、こういったのだ。

「ルクレチアがおまえに会いたいといっている」

この一言で、ホアンが誘いに乗ってこないはずがなかった。なぜなら、この一言こそ、兄チェーザレの敗北宣言にほかならなかったからだ。

何が敗北宣言なのか。

つまり、チェーザレもホアンも、幼いころから美貌の妹ルクレチアを可愛がり、可愛がるあまり、近親相姦の関係にあったのである。ふたりの兄弟は、ことあるごとにいがみあい、争った。すべて、ルクレチアのことが原因だった。しかも……信じられないことに、父親のアレクサンデル六世までもがルクレチアと肉体関係を結んでいたのだ。

まさに近親相姦の四角関係にあったのである。

二日後、ホアンの死体がテヴェレ川で発見された。全身に受けた刺し傷は九カ所あり、金目のものが盗まれていないことから、怨みをもった者による犯行と思われた。

警察の捜査でも仮面の男があやしいということになったが、どこの誰かはわからなかった。ただ、兄弟で妹を取りあっている噂は流れていたから、チェーザレが犯人だろうとは思ったが、誰も口に出してはいえなかった。捜査は、アレクサンデル六世の命令で打ち切られた。

嫉妬からくるチェーザレの凶行はさらにつづいた。

兄の死を聞いて、悲しみに打ちひしがれるルクレチアを慰めて深い関係になった従者ペドロは、首に石をくくりつけられたままテヴェレ川で発見され、ルクレチアとペドロのあいだを取りもった侍女までもが、おなじくテヴェレ川で水死体となって見つかった。さらに、ルクレチアの夫であるナポリ王子アルフォンソまでもが襲われて負傷。看病中のルクレチアが目を離したすきに、枕で窒息死させられてしまったのである。妹に近づく男は、ぜったいに許せなかったのだ。

83 情婦の息子を愛人にした少年同性愛者――ウィリアム・ベックフォード 1760〜1844 イギリス

ウィルトシャー州のフォントヒルに屹立《きつりつ》するベックフォード家の館のホールは、闇に塗りこめられていた。黒い祭壇、黒い布、黒い聖体（聖なるパン）、黒い塗脂……これから行なわれる黒ミサの儀式のため、道具はすべて黒一色で統一されている。イタリア人の楽士や歌手たちも、黒い服を着ている。

ホール中央には、蠟燭《ろうそく》の光に照らし出された五人の参加者の顔が見える。主宰者であるベックフォード家の若き当主ウィリアムは、生贄《いけにえ》となる少年ウィリアム・コートネイを祭壇に横たわらせた。主宰者ベックフォードの隣には家庭教師の画家カズンズと、文学秘書になっている友人のサミュエル・ヘンリ卿、それにベックフォードの情婦ルイザが、やはり黒い服を着て立っている。

ベックフォードが不気味な黒ミサを行なうようになったのは、もちろん本人の素質もあるが、多くは家庭教師カズンズの影響が大きかった。一〇歳で父親を亡くし、母親に溺愛されてナルシストに育てられたベックフォードに、本業の絵画を教えるだけでなく、東洋のお伽噺《とぎばなし》に始まり、神秘学、官能の快楽などの話をし、書物を与えることで、非西洋的なモラルを植えつけたのだ。

そんなベックフォードの、よき理解者だったのがサミュエル・ヘンリ卿だった。のちに徹底した人嫌いになるベックフォードの数少ない友人でもあった。

ベックフォードに寄り添った情婦は、彼の従兄の妻ルイザだった。結核の夫をもつ彼女は、持って行き場のない情欲を若いベックフォードに求め、彼のありあまった性欲を喜んで受け入れていた。だが、それは奉仕でしかなかった。

儀式を終えたベックフォードは、わずか一一歳の少年ウィリアム・コートネイを祭壇から抱きかかえておろすと、壊れ物でも運ぶように自分の部屋に連れていった。

そして部屋に鍵をかけ、ふたりだけの儀式を始めるのだった。

日頃から悪魔学の原理を教えこまれている情婦ルイザは、ベックフォードから、あることを要求されていた。初めは信じられなかったし、怖くもあったが、自分に目を向けてほしいがためにはやむをえなかった。

ある日、ベックフォードはルイザから一通の手紙を受け取った。

「私はいま、あなたさまに捧げなければならない生贄を抱えています。私の息子が、一日も早く、儀式にふさわしい年齢になることを祈ってやみません。息子は日ごと美しくなり、あなたさまのお役に立つことでしょう」

自分の息子をベックフォードの生贄に捧げるというのだ。

情婦の息子を愛人にする。――このおぞましい計画が実現されるときがきたのだ。

ルイザの息子の白く美しいであろう裸体を思い浮かべながら、ベックフォードは唇の端を歪めて薄笑いを浮かべていた。

84 女性を笞打《むち》ち快楽を得た性倒錯小説家――マルキ・ド・サド 1740〜1814 フランス

「服を脱ぎなさい」

蠟燭の光しかない薄暗い部屋に入るなり、サド侯爵は女に向かって静かに命じた。

「それでは話が違います！」

たしかに話は違っている。パリ市中心のヴィクトワル広場で見つけた女の浮浪者に「女中にしたい」といって辻馬車に乗せ、この別荘に連れこんだのだ。

必死に抵抗している女に、サド侯爵は冷たく言い放った。

「いうことを聞かなければ、殺して庭に埋めてしまうよ」

女の顔が青ざめるのがわかった。のろのろと着物を脱ぎはじめた。

女がシュミーズを脱げないでいるのを見たサド侯爵は、強引にむしり取ると、女を長椅子の上に腹ばいに横たわらせ、荒縄で両手足を長椅子にくくりつけた。

そして、やおら自分も全裸になると、革のチョッキを着て、木の笞を手に取った。

いきなり女の背中に笞をくれると、悲鳴をあげた。

「騒ぐと殺すかもしれない」

女の背中に赤い線が走った。やがて腫れはじめ、血がにじんだ。

木の笞で五、六回打ちすえると、傷口に軟膏を塗ってやった。何を塗られているかわからない女は、いやがって肉体をねじらせた。

サド侯爵は、こんどは革の結び玉がついた房の鞭を振るった。初めはやさしく、回数も少なかったが、だんだん激しくなっていった。女の背中に、いく筋も傷が走った。

房の鞭が振られるたびに、蠟燭の光が揺れ、壁に映し出されたサド侯爵の影が蠢《うごめ》いた。

そして、鞭打つ速さが限界まできたとき、サド侯爵は甲高い声を発しながら射精した。

屹立した陰茎から放たれた精液は、放射線を描いて女の背中にこぼれ落ちた。

鞭打ちを終えたサドは、女を拷問部屋から出して下着をつけさせ、「これを塗りこんでおけば早く治るから」といいながら、コニャックの小瓶を女に渡した。

女は、瓶口から液体を手に受けて、素直に塗りはじめた。とたんに悲鳴があがった。アルコールなのだから早く治るかもしれないが、傷口が染みて、さらに痛みが増すのはあたりまえだった。

着るものを身につけ、両手を胸の前で交差させて肩をかき抱いている女の前のテーブルに、パンとゆで卵と葡萄酒を与えたサド侯爵は、自分が外出から戻るまで待っているよう命じて家を出た。もちろん厳重に鍵をかけたことはいうまでもない。

あの調子なら、もう一度か二度は責《せ》めさいなむことができそうだ。そう思うと、また下腹部に熱い血が流れこみはじめるのがわかった。そのころ女が、ベッドカバーをつないで窓から逃げ出し、助けを呼んでいようとは思ってもいなかった。

85 妻に苛《いじ》めを要求した性倒錯の教祖——マゾッホ 1836〜95 オーストリア

その女は、小説のなかから現われた。

名前を、ワンダ・リューメンといった。ワンダといえば、マゾッホの小説『毛皮を着たヴィーナス』の主人公とおなじ名前だ。マゾッホは、この偶然に驚いた。

話をしてみてわかったことだが、彼女は洋裁学校に通っており、年齢は二七歳。結婚経験があり、しかもマゾッホの書く小説の愛読者だという。

三六歳に至るまでにマゾッホが書いてきた小説というのは、驕慢《きょうまん》な女と、その女に服従する男の話ばかりなのである。たいていは、いちど読んだら驚き、おぞましいとばかりに手から離したりする。ときには捨てられることすらあるのだ。

そんなマゾッホの小説を愛読しているというワンダという女性は、やはり男を責めさいなむ驕慢な女なのか。そうであってほしいと願いながら、彼女のほうをうかがうと、ワンダも熱いまなざしでマゾッホのほうを見つめている。

このときマゾッホは、自分が待ち望んでいた女が現われたことを悟った。マゾッホが、

「自分と暮らしてもらえないか」

とおずおず切り出すと、ワンダはあっさり承知した。

「ただし……」

と、彼女は、顔の前に人差し指を立てた。

「一〇年間の契約にしましょう」

なんとも奇妙な契約結婚が成立した。

それでもマゾッホは満足だった。これから、自分が書いた『毛皮を着たヴィーナス』に登場する男とおなじ暮らしができるのだ。

ワンダとの結婚生活が始まると、マゾッホは彼女に全裸になってもらい、その上から毛皮を着てくれるようお願いした。「わかったわ」と承諾すると、マゾッホは「なぜ冷たくしてくれないのか」と泣いた。

女の奴隷となり、徹底的に苛《いじ》められることを心の底から望んでいるのだ。

そして、腹ばいになった上からワンダに乗ってもらい、鞭を振るわれることを何より喜びとしていた。仰向けになった上に乗ってもらったときには、身体を叩いてもらったり、唾を吐きかけてほしいとねだった。もちろん、性交は二の次、三の次で、ワンダが望んだときだけ行なわれた。

ときには、ワンダに姦通してくれと哀願した。不思議がるワンダを見上げながら、マゾッホは、ぬけぬけといった。

ワンダがそれを断わると、マゾッホは喜びに打ち震えながら、何度も何度も懇願した。

ワンダが街で拾った男を自宅の寝室に連れこみ、あられもない姿で交わりはじめると、物陰に隠れたマゾッホは、自分の妻が犯される現場を見て、興奮のあまり卒倒してしまいそうになる。そして、そのままズボンのなかに射精してしまうのだった。

86 自らの情事の人生を書き残した男――ジョバンニ・ジャコモ・カサノーヴァ 1725〜98　イタリア

床から天井まで本で埋まった図書室のなかは、洋書特有の革と埃《ほこり》の匂いがしていた。その一角に置かれた机に向かってペンを走らせながら、カサノーヴァはときどき、フッと息を抜いた。湿った空気のなかに自分の息吹が吸いこまれるのを感じた。

七年前、ワルトシュタイン伯爵家の図書係に雇われてボヘミヤのドゥクス城に入ったとき、カサノーヴァは六六歳になっていた。

図書係とはいっても、やることは限られている。蔵書の目録を作成し、主人の要求があれば本を探して持参する。それだけだ。あとは暇で、やることがなかったから、徒然《つれづれ》なるままに書き物を始めた。

初めは、ただの思い出話を綴るつもりだったが、いつのころからか、『わが生涯の物語』と表紙に謳《うた》いはじめた。このような回想録を綴ることはやさしかった。ただ、あまりに波瀾万丈に富みすぎて、その当時の思い出に耽《ふけ》り、時間がたつのを忘れてしまうのだ。

カサノーヴァの脳裏には、「サンゴールの騎士」と称して、ベネチア、パリを中心に、ヨーロッパ各地を渡り歩いたころの日常がよみがえっていた。

街の喧騒のなかで「サンゴールの騎士」ことカサノーヴァは、とてもよく映えた。

あるときは外交官として宮廷に出入りし、あるときはパリで国営の富《とみ》くじの支配人になって巨万の富を得、またあるときはベネチア政府のスパイとなった。

いつも、もめごとを起こして各国を追放された。詐欺師だ、山師だと騒がれて投獄されたこともある。とくに五〇歳でベネチアのピオンボ牢獄に幽閉されたときはこたえた。いいかげん飽きたので、一五カ月経って脱獄したが、このあたりは回想録のなかでも白眉のシーンだろう。

いろいろな人物が登場するので、人物索引をつけてはどうかなどとも思っている。

君主、貴族といった上流社会の人々とは政治を語らい、文人とは文学論を、自然科学者とは最先端科学を、画家や役者とは芸術論を論争しあった。何も専門知識があったわけではない。教養が広いという言い方をする人もいるが、ただの知ったかぶりのお調子者だっただけだ。いかに相手から専門知識を引き出せるか、それだけのことだ。

貴婦人から下女にいたるまで、あらゆる女たちと交わった。もちろん、どのようにして交わったかについては詳しく書き綴った。

ひとつひとつの情事を思い出して、ひとつだけわかったことは、王族、皇族の女も、下女もおなじだということだ。道具によって味も具合も異なるが、あのときにあげる声はおなじなのだ。相手が偉ければ偉いほど、仮面を脱いで、いちど乱れると激しかった。カサノーヴァに抱きつき、乳房を揺らし、腰を打ちつけてきた。あのときの肢体を思い出すと、七〇を超えた下半身が、モゾモゾしはじめる。

だが、いまのカサノーヴァに残された時間はない。死神は、すぐそこまで迎えにきている。それを、「もう少しで書き上げますから」といって、待ってもらっているのだ。

これまでの人生の悪行を曝け出し、自白すれば、地獄に落ちてから少しは楽になるのだろうか。そう思ってカサノーヴァは、せっせと紙にペンを走らせつづけるのだった。

87 淑妻の陰部に錐《きり》で穴を開けて鍵をかけた男――沈某　生没年不詳　清

「あなた、今日も帰りが遅いのですか、あまり夜風にあたると風邪を召されますよ」

毎日のように聞かされる妻の遠まわしの説教に、沈は怒り心頭に発した。

「おまえなんかに、何がわかるんだ！」

そう叫んだ沈は、妻が着ている服を引き剝がすと、妻の身体に鞭を打ちはじめた。妻の身体に鞭の痕が赤く走るのを見下ろしながら、沈は結婚したころのことを思い出していた。

儒家の生まれだから、かなりインテリな家系なのだが、若いころから学業を嫌い、遊郭に入り浸っていた。女とまぐわっていれば、自分の学問の劣等感を忘れることができた。そんな沈を見るに見かねた周囲の者は、沈を落ち着かせようとして結婚をすすめた。

相手を見た沈は、いっぺんに心奪われた。どんな遊郭でもお目にかかれないほどの美人だったのだ。結婚した沈は、朝といわず、昼といわず、妻の肉体を求めた。正真正銘の処女で、抱かれ方ひとつ知らなかった妻は、沈の手で開発されていった。

あのころは毎日が桃源郷にいるようだった。妻にしても夢のような毎日だった。

だが、その妻の肉体に飽きてきた沈は、妻の嫁入り道具を勝手に持ち出しては金にかえ、その足で遊郭に通うようになった。それでも妻は、黙って沈を送り出した。

それが、かえって沈の心を痛めつけた。妻が嫉妬して泣いたり暴れたりしてくれたら、沈も反省したかもしれない。だが妻は、寂しそうに微笑むだけなのだ。

そして今日、とうとう沈は切れてしまった。

一〇〇回も二〇〇回も鞭を叩きつづけ、妻の身体の皮が剝《む》け、血が出はじめた。

じっと我慢している妻は、しくしく泣きながら命乞いをした。それでも興奮がおさまらない沈は、何を思いついたのか下卑た笑いをうかべると、鞭を放り投げた。

「あなた……何を……」

なさろうというの？　という声は聞こえなかった。

沈は妻の身体をまっすぐ寝かせると、両足をM字型に広げさせた。このとき妻は、夫が変態行為に入るのではないかと思っていた。妻をいたぶるだけいたぶり、あとでやさしく犯す男がいることは知っていたからである。妻は、半ば犯されることを期待して目をつぶっていた。いつでも迎える準備はできていた。

だが股間に感じたのは、夫の手でも、陰茎でもなかった。

沈が手にしているのは錐だった。

「おれがいない隙に男をくわえこまないように、こうしてやる」

そういって沈は、左右それぞれの小陰唇の真ん中あたりに錐で穴を開けた。膣奥から滲み出た陰水が手もとを濡らし、そこに血が混ざった。ヌルヌルしたなかでの作業だった。ようやく穴を開け終えた沈は、小さな南京錠を取り出して鍵をかけた。

それでも夫のいうことを聞きつづけた妻は、夫が帰ってくるまで、内股歩きをしていなければならなかった。

88 一二歳の少女を母親から買った高名思想家――ルソー　1712〜78　フランス

ルソーは、目の前に立っている女の美しさと妖しさに驚愕していた。

さすがに売れっ子の娼婦だけのことはある。

先日、船の上で食事をしたが、そのときは、顔立ちしかわからなかった。話をするにしても、こちらも緊張していた。つぎに、「寝る」約束を取りつけることしか頭になかった。

だが、いま部屋を訪ねたルソーは、漂ってくる化粧の匂い、誘いこむような女の視線、男を溶かすような下着姿に、しばし息を呑んだ。

売春婦を買うのは、初めてではなかった。

つい先日、女遊びをしようとしないルソーのクソ真面目ぶりを見かねた友人たちが、酔った勢いもあって、街でも有名な娼婦の宿にルソーを連れていき、さっさと帰ってしまったのである。あとに、娼婦と残されたルソーは、このまま帰るわけにもいかず、シャーベットを注文し、歌をうたってもらった。そこで代金をテーブルに置いたところ、「つとめを果たしていないから」といって、娼婦は着ているものを脱ぎはじめた。結局、娼婦がリードするままに、やることだけはやってしまった。

病気をうつされたのではないかと思い、帰ってすぐ病院に駆けこんだ。もう、こりごりだと思ったのは、そのときだけだった。

翌日になると、ゆうべのことを思い出してしまうのだ。

友人たちの話にも耳を傾け、売れっ子の娼婦がいることを知ったのである。

女の色香に誘われるように、ベッドに近づいたルソーは、いつのまにか着ているものを脱がされ、気づいたら女の両足を開こうともがいていた。そんなに急《せ》かなくてもいいものを、女に目覚めた男の子のように焦っている自分が恥ずかしかった。

下手な愛撫を上手にかわされ、女が招くまま、酔ったようにひとつになり、着ているものを取り払ったとき、ルソーの動きが止まった。「あっ」と声を出しているのが、自分でもわかった。女の片方の乳首がなかったのだ。それが艶やかであり、不気味でもあった。

そんなルソーの気持ちを読みきったかのように女がいった。

「あんたなんかに女は抱けないわ。さっさと帰んな」

すごすごと帰宅したルソーは、またおなじ娼婦に会いたくなって連絡をとったが、彼女は二度と会ってはくれなかった。あのとき、なぜ躊躇して抱けなかったのか。ルソーは自分を責めに責めた。乳首のない乳房が夢に出ては、うなされた。

ようやく立ち直ったルソーが買ったのは、一二歳の少女だった。路上に立っている少女の母親から買い受けたのである。ひとつ部屋で、熟れはじめている果実のような少女を見て、自分の娘を犯す気分になったルソーは、ただ、おしゃべりをして帰した。

たまたま三人めの少女は抱けなかったが、一人……二人……三人と経験して、自分が砂糖菓子のように崩れていくのを感じた。病気がありそうな女も、乳首のない女も、いたいけな少女も……どんな女も犯せる自信が湧きはじめていた。

89 女千人斬りといわれた精力絶倫の文豪――ユゴー 1802〜85 フランス

警察に踏みこまれたとき、ユゴーは、女と交わっている真っ最中だった。

ドアを蹴破られた瞬間、女の膣がギュッと閉まった。だが、ユゴーの陰茎は情けないほど縮こまった。そのまま身動きできないでいると、突然の闖入者《ちんにゅうしゃ》たちに肩をつかまれ、引き剝《は》がされた。縮こまったものが、なごり惜しげにゾロリと抜け落ちた。

あわてて毛布で前を隠した女は、引き剝がされたままぶざまに転がっているユゴーのほうではなく、闖入者たちを非難の目で見上げている。

闖入者が警察だとわかるまで、ユゴーの脳裏には「美人局《つつもたせ》」という言葉がよぎっていた。だが、警察官をキッと見上げているレオニーという女は、美人局によくある娼婦などではなく、オギュスト・ビヤールという画家の妻で、ここのところふたりは密会を重ねていたのだ。

どうやら、オギュスト・ビヤールが警察に通報したことは間違いなさそうだった。

ユゴーの時代、姦通つまり不倫は法律で禁止されていた。だから警察も、女の夫の通報で踏みこめたわけだが、そのあとがまずかった。当時、文学者であると同時に上院議員でもあったユゴーの姦通騒動は、手痛いスキャンダルに発展した。姦通罪に問われた女は獄につながれ、社会的制裁を受けざるをえなかった。

だが、ユゴーの周囲にいる人々は、この姦通事件を心配しながら、「これで千人斬りにも終止符が打たれる」と快哉を叫んでいた。「千人斬り」は大袈裟にしても、いわゆる女性遍歴が激しかったことはたしかだ。まるで何かを忘れようとしているかのようだった。

ユゴーはセックスが強すぎたのである。一年おきに子供ができているにもかかわらず、毎日のようにアデール夫人の肉体を求めていたのだ。夫人にすれば、かなり苦痛だったらしく、仕事の都合でユゴーが家を空けることが多くなったころから、夫人はサント・ブーヴという男とできてしまったのである。

この妻の裏切りは、ユゴーを失意のどん底に叩きこんだ。

妻との婚約時代は、「妻に裏切られた夫は、妻を殺すか自殺すべきだ」と大声でいっていたユゴーだったが、アデール夫人を殺すことも、自殺することもできなかった。そのかわり、女性遍歴を繰り返しはじめたのである。

のちに事実上、第二夫人となるジュリエット・ドルーエは、目も覚めるような美人だが、過去にいろいろな男の愛人になったことのある娼婦のような女だった。だが、ユゴーはジュリエットを愛しつづけた。なぜなら、妻とは肉体関係だけだったが、ジュリエットとのあいだには恋愛が芽生えていたのだ。おそらくユゴーは、ジュリエットだけでは処理しきれない欲望を、ほかの女で埋めていたにちがいない。

ところが、妻の裏切りを許さないオギュスト・ビヤールに、大きなツケを払わされたというわけだ。投獄され、夫に捨てられたレオニーは、ユゴーの第三夫人になった。

90 姦通を好み三〇人以上の愛人を持った文豪——アレクサンドル・デュマ 1802〜70 フランス

遠くからコツコツツという小さな靴音が、夜のしじまを縫うように聞こえてきた。

デュマは、辻馬車のなかで息を殺して待っていた。

靴音の間隔があき、音も大きくなった。辻馬車に近づいたので走るのをやめたのだ。

デュマは、辻馬車の扉を開けた。冷気が忍びこんできた。

ドレス姿のメラニーは、そっと馬車のなかをうかがい、デュマと視線が合うと、そのまま馬車に乗りこんで抱きついてきた。

「よく出てこれたね」

「お友達のところで夜会パーティがあるっていって出てきちゃった」

まるで姦通という犯罪を楽しんでいるかのように、メラニーは興奮していた。興奮は、そのまま疼《うず》きとなっているらしく、しきりに豊満な胸や腰を押しつけてくる。

辻馬車が、ゆっくりと動きはじめた。姦通罪があり、気楽に不倫を楽しめないこの時代は、辻馬車のなかで逢瀬を楽しむのが流行っていた。

のちに『三銃士』『巌窟王《がんくつおう》』『モンテ・クリスト伯』などで大ベストセラー作家となるアレクサンドル・デュマは、いま六歳年上の人妻と恋に落ちていた。メラニーの父親が主宰するパーティで知りあってから、なんと三カ月間も口説きつづけたのだ。決め手となったのは、デュマの嫉妬心をあからさまにした一通のラブレターだった。

「あなたがぼく以外の男の胸に抱かれているのを想像してしまうのです。なんと呪わしい想像でしょうか。このままでは、犯罪にでも走ってしまうかもしれません」

ここまで書かれて、とうとうメラニーは崩れた。

真っ暗な辻馬車のなかで、ふたりは抱きあい、口を吸いあった。ズボンの裾をおろしたデュマは、メラニーを膝の上に乗せ、そのまま一体になった。下半身が熱湯を浴びたように熱くなった。メラニーが、たまりにたまった欲情を吐き出させているのだ。

自分の手を嚙んで、声が出るのを必死におさえようとするメラニーを見上げながら、デュマは思っていた。とくに美人でもない、この女のどこにひかれたのだろう。

その答えは、すぐにわかった。メラニーが人妻だから、だ。姦通という淫猥な響きが、背徳と欲望を募らせているのだ。

だが、メラニーはすぐに捨てられることになろうとは予想だにしていなかったにちがいない。そのころ人妻との恋愛を描いた『アントニー』を執筆中だったデュマは、主人公と同一化しており、どうしても人妻と恋に落ちずにはいられなかったのだ。

そのあとも、若い女優イダ・フェリエ、歌手カロリーヌ・ウンゲールなど美女を連れては社交界にも顔を出すにつれ、文豪デュマの女性遍歴は有名になっていった。

老年になると、四〇歳も年下の、わずか一九歳のエミリー・コルディエとも同棲を始めたというから、開いた口がふさがらない。

文豪となり、大金持ちとなり、湯水のように金を使い、大借金を抱えるいっぽうで、デュマは、一生恋愛を楽しみつづけたのだ。それも、自分勝手な恋愛を。

第10章　人心を惑わす天下の大詐欺師たち

91 国家転覆を企んだクーデターの首謀者——由井正雪 1605~51 日本

軍学塾「張孔堂《ちょうこうどう》」の天井に三人の影が揺れていた。

由井正雪《ゆいしょうせつ》が、弟子の丸橋忠弥《まるばしちゅうや》、河原十郎兵衛《かわらじゅうろうべえ》を前にして、静かに話しこんでいる。四〇〇〇人いる門弟のなかから、選びに選んだふたりだった。

このふたりさえ賛同してくれれば、計画は動きはじめる。

正雪の話す計画は、とにかく壮大だった。

まず江戸を火の海にして、混乱に乗じて江戸城を占拠し、幼い将軍を拉致《らち》して久能山《くのうざん》に立てこもる。それと同時に、京都にも放火して二条城を占拠する。

さらに大坂にも放火して大坂城を占拠して、大名の蔵屋敷を開けさせて貯蔵米を奪う。

同時多発的に争乱を起こして国家転覆を企もうという計画なのだ。

これだけの計画を実行するためには、大勢の人員が必要になる。そうすれば、関が原の合戦や大坂の陣で改易された大名のところから放り出された浪人たちも救われる。

正雪の言葉に、丸橋忠弥も河原十郎兵衛も真剣な顔でうなずいている。

——やはり、嘘は大きければ大きいほど真実に見える。

正雪は、ふたりの顔を見下ろしながら、そう思っていた。すべてが実現する可能性は薄いかもしれない。だが、いま行動しなければならないのは事実だし、中途半端な計画では誰もついてこないだろう。

とにかくいまは、目の前にいるふたりを説得することだ。

丸橋忠弥は、すでに目を血走らせている。河原十郎兵衛は、迷っているのか目を泳がせている。無理はない。煙硝蔵下奉行《えんしょうぐら》という要職にある河原十郎兵衛は、自分が管轄する煙硝蔵に放火しなければならない。役職を利用した裏切り行為にほかならない。おそらく自分の人生、家族の幸せを秤《はかり》にかけているのだろう。

「河原十郎兵衛殿……この計画、成功の暁には貴殿を……」

正雪は、心にもない約束手形を持ち出した。河原十郎兵衛の顔つきが変わった。

決心がついたらしい。これで河原十郎兵衛は真剣に働いてくれるだろう。これで江戸は火の海になる。だが……。

正雪は、丸橋忠弥の顔つきが気になった。妙に、やる気になっている。

こんな熱くなりやすい男に計画を打ち明けたことに、正雪は後悔しはじめていた。

事実、自分のまわりに密偵が放たれていることにも気づかない丸橋忠弥の軽率な言動がもとで、計画は露見することになるのだが、まだ誰も気づいてはいなかった。

92 女装して国家機密を盗んだ外交官——騎士デオン 1728〜1810 フランス

「これからは、あなたに読書係をお願いするわ」

ロシアのエリザベータ女帝は、美貌のリア・ド・ボーモンに向かっていった。

「光栄です、女王さま」

リア・ド・ボーモン、いや、騎士デオンは、しなをつくってみせながら、心のなかで、ほくそえんでいた。

フェンシングの達人として、竜騎兵大尉としても知られるようになり、「騎士デオン」と畏敬の念をこめて呼ばれるようになるこの男の、ほんとうの名前はシャルル・ジュヌヴィエーヴ・ルイ・オーギュスト・アンドレ・ティモテ・デオン・ド・ボーモンという。

生まれたときは正真正銘の男だったが、小さいころから美少年だったため、社交界にデビューすると婦人たちから人形のように扱われた。

とくにロシュフォール伯爵夫人のお気に入りで、伯爵邸に招かれては、彼女の衣装箪笥のなかにある豪華絢爛《けんらん》な衣装を着せられ、宮廷の舞踏会に連れて行かれた。どんな美女もデオンの美しさにはかなわなかった。

やがて、女好きのルイ一五世に目をつけられ、ヴェルサイユ宮殿に招かれた。ポンパドゥール夫人の目を盗んで、ルイ一五世がデオンに手を出そうとしたとき、デオンは自分が男であることを教えた。それだけでは信じてもらえなかったので、ルイ一五世の手をとって股間に持っていった。あのときのルイ一五世の顔は忘れられない。

驚きのあまり歪んだ表情をしているルイ一五世を見て、初めは殺されるかもしれないと思った。だがルイ一五世は、とんでもない提案をしてきた。

「フランス国王ルイ一五世直属のスパイになってみる気はないか?」

女として敵国に忍びこみ、ヴェルサイユ宮殿に最新情報を伝えろというのだ。

男性であることはルイ一五世しか知らない。政府高官は女だと思いこんでいる。これ以上、好都合なことはなかった。

さっそく密使ダグラスと引きあわされた。このダグラスにだけは、デオンが男であることを教えた。

そのうえでダグラスの姪になりきったデオンは、ふたりでロシアに乗りこんだのである。ロシア政府首脳は、まんまと騙された。みんな、密使ダグラスの美しい姪を賛美し、食事に誘う者も大勢いた。そこで優雅に振る舞いつづけたデオンは、とうとうエリザベータ女帝の側近にはべる読書係に任命されることになったのである。

ロシアの情報は、デオンを通じてルイ一五世に筒抜けとなった。

その後、イギリスにも派遣されたデオンは、フランス・イギリス間の条約を成立させるほどの活躍を見せ、ルイ一五世の全幅の信頼を得たかに見えた。だが……。

デオンは、ほら吹きで、傲慢で、短気で、見栄っ張りだった。贅沢な暮らしぶりをするデオンを見て、さすがのルイ一五世も厄介払いをしたくなったらしいが、自分の署名がある重要機密文書をデオンがたくさん持っているかと思うと、手も足も出なかったという。

93 将軍吉宗の御落胤《ごらくいん》を称した天下の詐欺師――天一坊 1699?〜1729 日本

「その者が、余《よ》の胤《たね》だと申しておるのか？」

しきりに何かを思い出していた吉宗《よしむね》は、あることに思いあたった。

父について江戸から紀州徳川家に戻ったとき、若気のいたりから、女中のひとりに手を出したのだ。まだ数えの一五ぐらいで、おおっぴらというわけにもいかず、風呂場に身体を流しにきたところを、たまらず押し倒したのではなかったか。

老中が怪訝《けげん》な顔で覗きこんでいる。

「上様……まさか……」

吉宗が言下に否定しなかったことで、ひとりの男は歴史に名を残すことになった。

男の名は、通称「天一坊《てんいちぼう》」。本人は「源氏坊天一」を名乗っていた。

じつは、天一坊自身、初めは半信半疑だった。一四歳のときに死んだ母は名を「よし」といい、自分の名前について、ことあるごとに天一坊に話していたことがあった。

「これは子細のある名です。そなたも『吉』という字を大切にするように」

初めは何のことだかわからなかったが、紀州徳川家の三男坊だか四男坊だかが、ひょんなことから征夷大将軍になったとき、その名前を知った天一坊は、わが目を疑った。

――徳川吉宗の「吉」というのは、母がいっていた字ではないか。

そういえば、天一坊が生まれる前、母は「さる高貴なお屋敷」に奉公にあがっていたというではないか。

これは、ひょっとしたら、ひょっとするのではないか。

その後、山伏の堯仙院《ぎょうせんいん》に弟子入りした天一坊は、酒を飲むと量がすぎ、そのたびに大声でわめき散らした。

「おれの素性を聞いて驚くんじゃねえぞ！　おれはな、公方さまの御落胤なんだぞ！」

たいていの者なら酒乱の世惑いごとですませてしまうのだが、堯仙院という男が山伏のくせに小心者で、寺社《じしゃ》奉行に「かくかくしかじか」と出頭してしまった。

結局、品川宿の常楽院《じょうらくいん》にお預けの身となったのだが、天一坊が御落胤であると信じている兄弟子の勧学院《かんがくいん》が、どんどん家来を集めてきたのだ。

そうなれば、あとには引けない。

それに、寺社奉行から何らお咎《とが》めもないことから、ほんとうに御落胤ではないかと、だんだん、その気になっているところへ、噂が広まってしまったというわけだ。

「……ってことは、証拠の品もあるんですね？」

と聞かれるたびに、嘘も方便でスラスラいってのけた。

「お目通りして、刀を拝領し、三〇人扶持《ぶち》を頂戴することになった」

「上野寛永寺の法事に出かけなければならない」

「これから老中の家に泊りにいく」云々。

だが……何のお咎めもないのは、天一坊の錯覚だった。

幕府側は、御落胤が嘘である証拠をかき集め、いつのまにか、世間を騒がす極悪人になっていた。

だが、そんなに幕府があわてているところを見ると、やはり御落胤なのではないか。そう思いはじめる天一坊だった。

94 御落胤の噂のなかで殺された謎の幽閉児

——カスパール・ハウザー　1812?〜33　ドイツ

聖霊降誕祭の夕方、ニュールンベルク市ウンシュリット広場に奇妙な少年が現われた。年の頃は、一五、六。苦痛を訴えるような顔つきで、建物の日陰日陰を歩いている。足取りに元気はなく、いまにも倒れてしまいそうだった。

見るに見かねた通行人が声をかけても返事もせず、わけのわからない言葉が返ってくるだけ。貧しい身なりで、懐をさぐってみると手紙が二通入っていた。

一通の手紙には、自分の家の前に捨てられていた赤ん坊を家から一歩も出さずに育てたが、「ぼくはお父さんのような騎兵になりたい」というから家から連れ出してきたこと。もう一通には、少年の生年月日、カスパール・ハウザーという名前であること、そして父親はすでに死んでいることが書かれていた。

明らかに捨て子だった。だが捨て子にしては大きすぎる。

少年の身柄を預けられた警察は、とりあえず刑務所に収容することにして、精密検査を行なうことになった。

その結果、少年の踵は赤ん坊のときのまま未発達で、ウンシュリット広場に捨てられるまで一歩も歩いたことがなかったことがわかった。しかも夜と昼の区別がつかず、光をあてると苦しみ悶え、パンを与えようと手渡しても距離感がつかめず落としてしまう。

これらのことから、二四時間三六五日、地下室のようなところに閉じこめられ、動くことを禁じられていたことがわかった。

では知能が発達していないかというと、そうでもない。文字も書けるし、数字もわかる。玩具《おもちゃ》を与えれば、ひとり静かに遊んでいる。

この少年カスパール・ハウザーのことは、すぐにニュールンベルクの高官たちのあいだで話題になった。ただ世間に出られない親の子、精神障害者、手配中のペテン師、はたまた、さる王家の御落胤……など、いろいろ取り沙汰された。

ニュールンベルクの首席行政官のもとで監視かたがた育てられることになったカスパールは順調に成長し、乗馬、読み書き、絵画などをこなせるまでになった。

だが、ある日を境に、少年は事件に巻きこまれはじめる。いや、事件の中心になりはじめる。まるで、これまでが長い長い序章だったかのように。

まず、ナイフで喉を掻き切られて瀕死の重傷で発見された。本人は興奮して自分で切ってしまったという。その二カ月後にはピストルで撃たれて負傷した。こんどはピストルが暴発したと主張してゆずらなかった。

自殺か他殺か騒がれるなか、カスパールが「ハンガリーの城で生まれたような気がする」といいだしたことで事態は急転した。カスパールの御落胤説が浮上しはじめたのだ。

相続問題で邪魔者扱いされて城から追い出され、ずっと幽閉されたのだとすれば辻褄《つじつま》が合う。そこで父親探しが始まった。やれナポレオン一世の子だ、やれバーデン大公カール・フリードリヒの子だ……などと噂された。

そんななか、道端を歩いていたカスパールは、「おまえの正体を教えてやる」といって誘い出された先で、胸にナイフを突き立てられて殺された。犯人はわからず、カスパールが何者かもわからずじまいに終わった。

ただいえることは、カスパール自身が一国を左右するような、ある立場の者にとっては危険な存在だった、ということだ。

95　一〇〇億円を稼いだ優雅な泥棒詐欺師――マノレスコ　1871〜1911　ルーマニア

中年女たちの化粧のドギツイ香りに辟易しながら、マノレスコは会場を物色していた。とはいっても置き引きやスリではない。まあ、スリにはちがいないか。

いちおうマナーとして、中年女、いや貴婦人たちをダンスに誘う。見た目には自信があるから、ダンスを断られることはない。そのためにダンスも特訓した。下手だと、ダンスが長つづきせず、「仕事」をすることができないからだ。

マノレスコは、暇を持て余している貴婦人を見つけた。いかにも金持ちそうだが、体臭も、それを消すための化粧も人一倍濃そうだ。

そこを我慢して近づいていったマノレスコは、ダンスに誘った。誘われるのを今か今かと待っていたくせに、気のないそぶりを一瞬見せてから、ぎこちなく笑みをつくった。

「そんなに、お高くとまっているから男が寄りつかないんだよ!」とはいわず、ペアを組んだ。

絡ませてきた指は汗で湿り、右手をあてた腰のあたりは熱を帯びている。腰を妖しく押しつけてこようとするが、自分の腹の肉が邪魔している。そんなに男が欲しければしかたがない。女の足のあいだに右足をさりげなく差し入れてやると、息を荒げながらしがみついてきた。

ちょうど音楽も変わり、べったりくっついた。女のうなじに汗が光っている。

だが光っているのは汗だけではなかった。首にも、耳にも、ダイヤモンドが光っている。イヤリングだけでも一〇カラット。ネックレスにいたっては、数えるのも面倒なほどだ。時価にすれば……二万マルク(一〇〇〇万円)は下るまい。めったにないカモだ。

マノレスコは、右手で背中の性感帯をさぐりながら、女の左耳に、そっと息を吐きかけた。女が震えはじめた。こんなことは、久しぶりなのだろう。

女を見下ろすと、目が合った。瞳が濡れて腫れぼったくなっている。何かいおうとする唇を、唇でふさいでやると、あえぎを漏らした。

「ちょっと外で休みましょう」

あとは思いのままだ。女に時間のゆとりがあれば自分のホテルで、ゆとりがなければ木陰で抱いてやり、ぼんやりしているうちに貴金属を失敬する。セックスまでいたらなくても、踊っているあいだに興奮させ、気がついたときには指輪やイヤリングがなくなっている。

万が一、あとで犯行がばれても、会話の端々に自分がルーマニア貴族であるといっているから、「まさか」と思うだろうし、明らかに姦通なのだから亭主にはいえない。足がつくことはない。やばくなったら、社交場を変えればいいだけのことだ。

こんな調子で二〇〇〇万マルク（約一〇〇億円）を稼ぎ出したマノレスコは、アメリカに渡り、いかさまカードでゴールドラッシュの成金相手にひと儲けするが、カナダで転倒。黄金の右腕を骨折して、すべての稼業から身を引いた。

そのころには、化粧の濃い中年女でさえ近づかなくなってしまっていた。

96 エッフェル塔を売却した男——ヴィクトール・ルースティヒ 1890～1947 チェコ生まれ

新聞に目を通していたヴィクトール・ルースティヒは、ある記事に目を奪われた。一八八九年のパリ万国博覧会の際にエッフェル塔が建てられてから三六年、老朽化が進んでいるため修理の必要があるというのだ。

詐欺師ルースティヒの目が輝きはじめた。

わずか五年前、危ないヤマを踏んで脱出したフランスに舞い戻ったルースティヒは、さっそく仕事にとりかかった。短期間のアパルトメントを借りて、いつも偽造パスポートなどを発注している偽造プロにフランス政府の便箋と封筒を依頼した。

さらに便箋と封筒の完成期日を確認したルースティヒは、アパルトメントに籠もって電話帳をめくり、パリ市内にある大手金属スクラップ業者六社を選び出した。そのあと由緒正しい豪華ホテルに予約を入れた。あとは便箋と封筒を待つだけだ。

数日後、偽造プロに残金を支払って便箋と封筒を受け取ったルースティヒは、六つの業者に送る案内状を作成した。およそ、こんな文面だ。

「エッフェル塔修理の記事が新聞に出たことはご存知のこととは思うが、かなり費用がかかる。そこで政府では、取り壊してスクラップとして売ることに決めた。ただし、パリ市民の反発が考えられるので、実際に取り壊しが始まるまでは計画は内密に願いたい」

差出人は、考えたすえに「逓信省長官代理」とした。万博後は無電塔として使われ、逓信省の管轄になっていることを考慮したうえでの肩書だった。

会合当日、業者たちは勇んでホテルに乗りこんできた。儲け話とあって、どの業者も、一日も早い入札を望んでいた。

解散後、ある業者をつかまえたルースティヒは、耳もとで囁いた。

「皆さんのお話をうかがっていて思ったのですがね。今回の工事をおたくにお願いしてもいいのではないかと思っているのですよ。ご安心ください。入札のときには、うまく合図を送りますから、それより高い金額をつけてください」

怪訝な顔をする業者に、さらに追い討ちをかけた。

「それにしても……こんな汚れ役を引き受けさせられた、こっちの身にもなれっていうんですよね。安月給でこきつかわれるし、楽じゃありませんよ、まったく。――いやいや、これは、つまらない愚痴を聞かせてしまいました」

いかにも恐縮しているようにふるまっているが、明らかに賄賂《わいろ》の要求だった。

「ちょっと失礼して……」

そういって退出した業者は、一時間もしないうちに一〇万ドルの札束を手に戻ってきた。

「おみやげです。つまらないものですが……」

「なんだか催促したようで申し訳ないですな」

そのあと、ルースティヒはパリから姿をくらました。

97 マンハッタン島切断事業を考えたホラ吹き男——ロジェーとデヴォー 19世紀 アメリカ

テーブルに置かれたビールにも手をつけず、物思いに耽っている今日のロジェーには店の常連客たちでさえ近づきがたい雰囲気が漂っていた。テーブルを挟んで前に坐っているデヴォーも、ロジェーほどではないが元気がない。

ここ数日、店に顔を出さないと思ったら、このありさまだ。

マスターも、馴染みの客も心配そうに見守っていた。そのうち、なかのひとりが、グラス片手にロジェーのテーブルに近づいていった。

ようやく男の存在に気づいたロジェーは、デヴォーのほうを一瞥《いちべつ》した。デヴォーがうなずくと、ロジェーは重い貝のふたをこじ開けるように話しはじめた。

「じつは……市長に相談ごとを持ちかけられててな」

市長というのは、まぎれもないニューヨーク市長スティーブン・アレンのことだ。

だがロジェーの口から市長の名前が出ても、店の者たちは驚かなかった。

肉屋などの小店主が常連の店にあって、ロジェーとデヴォーは知識人と思われていた。ことにロジェーは有名人とつきあいがあるのだと誰もが信じていた。

「モンロー大統領にモンロー主義を打ち出すよう助言したらしい」「モンロー夫人に社交界とのつきあい方を教えたらしい」……といった話がまことしやかにささやかれたことがあったからだ。

だが、さすがの馴染み客たちも、ロジェーのつぎのひと言には絶句せざるをえなかった。

「マンハッタン島を切り離したい、っていうんだ」

ロジェーの話というのは、こうだ。

マンハッタン島の南端のバッテリー公園付近にビルが建ちすぎて、その重みで島が沈みはじめている。このままでは、首都ニューヨークは真ん中から裂けて、南半分が海の底に沈んでしまう。

それを避けるためには、島を二つに切り離さなければならない。なおかつ、天然の港になっているニューヨーク湾に、切り離した南側が滑りこまないよう、島の向きを変えなければならない。島を分断することは市長とも合意しているが、向きを変えるためには、隣にある巨大なロングアイランド島を少しずらさなければならない。いま、その計算の算出に頭を痛めていたのだという。

ところが数日後、ロジェーが明るい顔で店に入ってきた。

「ロングアイランド島をずらさなくても、ニューヨーク湾のなかでマンハッタン島の南半分の方向転換ができることがわかったんだ。俺とデヴォーに、この計画の指揮をとってくれと市長がいってる。そこで労働者を大募集することになったんだけど、ひとつだけ条件がある。水中の仕事になるから、水のなかで長く息を止めていられなきゃだめなんだ」

この話を聞きつけた労働者は一〇〇〇人を超えた。しかも、労働者用の食糧を確保しなければならないため、ニューヨーク市内の肉の価格まで急騰する騒ぎになった。

そして工事着工の日、島が分断されるという場所に、建築業者や労働者たちが集まったが、いつまで経ってもロジェーとデヴォーは姿を現わさない。

そのうち、ひとりの男がある事実に気づいた。島を切断できるはずがない、という事実にだ。

労働者たちは、ふたりをとっつかまえようと騒いだが、結局、何もいえなかった。島を切断できると信じこんだ自分たちがバカだったことに気づきはじめたからだ。

98　人間の弱みにつけこんだ予言者――ノストラダムス 1503〜66　フランス

「人間とは、愚かなものよ」

医者ノストラダムスは、弱冠一四歳の王シャルル九世の脈をとりながら、ひとりほくそえんでいた。

九年前に刊行した四行詩集『百詩篇』のなかの一篇が、アンリ二世の事故死や、その息子たちの末路を予言していると解釈してくれたおかげで評判となり、いまでは『予言集』としかいわれなくなっている。

その『予言集』の評判を聞きつけたカトリーヌ・ド・メディシスが、わが子シャルル九世の侍医になってくれ、と要請してきたのだ。いかに余生を送ろうかと思っていたノストラダムスにとっては渡りに舟だった。もし、あのまま医者兼予言者として町中にいたら、『予言集』騒ぎで疲弊《ひへい》してしまうところだった。

宮殿内では、そんなことはない。シャルル九世と、その母カトリーヌ・ド・メディシスの相手をしていればいいのだ。

ただ、ふたつだけ注意しなければならないことがある。

それは……『予言集』の解釈を自分でしないこと。そして、解釈された場合は肯定も否定もしないこと、である。

「あの詩は、あの事件のことだったのですね？」などといわれても、「すべては、神様がお決めになることですから」とでもいっておけばいいのだ。

あくまでも神秘に満ちた予言者でありつづけることが、『予言集』の価値を高めてくれることになる。価値が高まれば、名誉も金も手に入れることができるのだ。

「ノストラダムス……」

脈をとられていたシャルル九世が呼びかけてきた。ノストラダムスは、一瞬誰のことだかわからなかったが、やっと自分の名が呼ばれたのだとわかった。

無理もない。カエサル・ノストラダムスを名乗りはじめたのは宮廷に呼ばれてからのことで、ミシェル・ド・ノートルダムが本名なのだ。

もともとはユダヤ系フランス人だったがキリスト教に改宗した。だがノストラダムスのなかに流れているユダヤ人の血は、名誉欲と金銭欲をかきたてる。そのためにも、金のなる木『予言集』は大切にしなければならない。

「ぼくもアンリ二世のように、槍の試合で目を突かれて死んでしまったりするの？」

シャルル九世の真剣なまなざしを受け止めながら、ノストラダムスは黙考した。

心の動揺を隠すために目を閉じるのだが、人は未来を予言していると思っている。ただ、何も考えないのではない。シャルル九世の周囲の人物を思い浮かべるのだ。シャルル九世は幸せか。誰か邪魔するものはいないか。そして……。

ノストラダムスは、声をひそめていった。

「大きな声ではいえませんが……お母さま、カトリーヌ・ド・メディシスさまは、とてもお強い方です。くれぐれも、ご自分を大切になさってください」

予言ではない。ただの「大人の説教」だが、シャルル九世は予言と受け止めたはずだ。シャルル九世が少年であることをいいことに、カトリーヌ・ド・メディシスはわがもの顔で政治に口出しをする。女王のような存在だ。きっとシャルル九世は自分を見失う。ちょっと考えればいい。それだけのことだ。

99 若返り水を売った一八〇〇歳のペテン師 ―― カリオストロ伯爵 1743〜95 イタリア生まれ

カリオストロ伯爵が家に戻ると、若き妻が男に組み敷かれていた。ズボンを脱いで丸出しになった男の尻が前後に蠢いている。犯されている妻よりも、男のあえぐ声のほうが大きい。いよいよ高みにのぼりつめようとしたそのとき、カリオストロはわざとらしく咳払いをした。動きを止めた男が、振り向きざま跳ね起きた。

そこに立っていたのが、頰ひげを生やしてプロシアの大佐の軍服を着たカリオストロだから、男が驚いたのも無理はない。

「こんなところで何をしておる」

憤怒の顔で近づいたカリオストロは、まず妻ロレンツァ・フェリシアーニの頰を張ってから男のほうを振り向いた。男は、うなだれた陰茎を隠しもせずにうろたえている。

ようやく美人局《つつもたせ》だと気づいた男が金を差し出すと、カリオストロは鼻で笑って、いった。

「おまえさん、老婆を抱いてみて、どう思ったね」

男の視線がロレンツァのほうに泳いだ。どう見ても二〇代前半にしか見えないからだ。

「彼女は、五〇歳の息子がいるんだよ。信じられないだろうが、ほんとうなんだよ」

ロレンツァは、否定するでもなくベッドの上でけだるそうにしている。

「いま彼女は、おまえさんから若さを吸い取っていたのさ」

「そんな……」

カリオストロはポケットのなかから小瓶を取り出した。

「これは若返りの水なんだよ。この薬を飲まないと、おまえさん、みるみる年をとっていくことになる。何なら鏡で自分の顔を見てみるがいい」

男は鏡のなかの顔を見て驚いた。眼窩《がんか》が落ちくぼみ、大きな隈ができている。震えはじめた男は、カリオストロに向かって懇願した。

「その薬を売ってください！」

「私の留守に妻を抱き、姦通罪を犯したやつに売る薬はないね」

男は涙を流しながら懇願しつづけた。

「では、夕方までに客をつれてきてもらおう。高い薬だから、裕福でないと払いきれない。ある程度連れてきたら、おまえさんに売ってやってもいい。ただし、逃げようと思ってもムダだ。私が属している秘密結社がおまえさんを見つけ出す」

あわてて部屋を出ていくとき、男は尋ねた。

「ところで、あなたさまは、おいくつなのですか？」

「一八〇〇歳だよ」

男がズボンをはくのもそこそこに出ていったあと、カリオストロは妻と笑いあった。カリオストロはもちろん一八〇〇歳ではないし、妻も正真正銘の二〇代前半だ。小瓶のなかには、白ワインをベースに、動物の精液、各種植物の汁を加え、それを蒸留したものが入っている。もちろん若返りの水ではないし、薬にもならない。それを金持ちに売りつけ、ばれる前にいなくなればいいのだ。

た

高橋お伝 …… 175
チェーザレ・ボルジア …… 214
紂王 …… 92
張献忠 …… 44
趙高 …… 49
沈某 …… 225
天一坊 …… 240
董彰 …… 112
董卓 …… 60
徳川家康 …… 99
豊臣秀吉 …… 97

な

ナポリ王フェルディナンド …… 124
ネロ …… 66
ノストラダムス …… 253

は

パラケルスス …… 204
ハリー・ハワード・ホームズ …… 18
ピエール・フランソワ・ラスネール …… 31
ヒトラー …… 68
ピョートル大帝 …… 77
フアナ …… 146
フォックス姉妹 …… 182
藤原薬子 …… 141
ブランビリエ侯爵夫人 …… 162
フリッツ・ハールマン …… 117
武烈天皇 …… 53
ベアトリーチェ・チェンチ …… 170
ヘンリー8世 …… 73
ポンパドゥール夫人 …… 164

ま

魔術師シモン …… 201
マゾッホ …… 220
マタ・ハリ …… 180
マノレスコ …… 245
マリー・アントワネット …… 148
マルキ・ド・サド …… 218
モンテスパン夫人 …… 144

や

八百屋お七 …… 184
由井小雪 …… 236
弓削道鏡 …… 190
ユゴー …… 230
楊貴妃 …… 139
陽成昭信 …… 154
煬帝 …… 101

ら

ラ・ヴォワザン …… 168
ラスプーチン …… 195
呂后 …… 46
ルートヴィヒ2世 …… 84
ルソー …… 227
ロジェーとデヴォー …… 250

あ

アグリッピナ …… 137
アブデュルハミド2世 …… 82
アリス・キテラ …… 159
アルバート・フィッシュ …… 119
アレクサンデル6世 …… 188
アレクサンドル・デュマ …… 232
アンリ・デジレ・ランドルー …… 21
アンリ4世 …… 75
安禄山 …… 51
飯野吉三郎 …… 197
岩倉具視 …… 38
イワン雷帝 …… 64
ヴィクトール・ルースティヒ …… 248
ヴィクトル・アルディッソン …… 121
ウィリアム・グールドストン …… 26
ウィリアム・ベックフォード …… 216
ヴラド伯爵 …… 58
エリザベート・バートリー …… 152
エルヴェ・ド・サン・ドニ侯爵 …… 211
エレーヌ・ジェガード …… 157
延命院日道 …… 192
織田信長 …… 95

か

何皇后 …… 132
カスパール・ハウザー …… 243
カトリーヌ・ド・メディシス …… 42
カリオストロ伯爵 …… 255
カリグラ …… 80
カルロス2世 …… 70
騎士デオン …… 238
クロウリー …… 199

さ

サー・フランシス・ダッシュウッド …… 206
サッフォー …… 177
サラ・ベルナール …… 172
サリエリ …… 36
サロメ …… 134
サン・ジェルマン伯爵 …… 208
始皇帝 …… 88
ジャック・ザ・リッパー …… 23
朱元璋(洪武帝) …… 55
朱粲 …… 108
ジョージ・チャップマン …… 33
諸葛昂 …… 110
ジョバンニ・ジャコモ・カサノーヴァ …… 223
ジョルジュ・サンド …… 166
ジョン・ジョージ・ヘイグ …… 29
ジル・ド・レ …… 16
西太后 …… 128
曹操 …… 90
曹丕(文帝) …… 104
ソニー・ビーン …… 114
則天武后 …… 130

参考資料（出版社50音順）

『毒の文化史』杉山二郎・山崎幹夫（学生社）、『美しき殺人鬼の本』桐生操『美しき殺人法100』桐生操（以上、角川ホラー文庫／角川書店）、『異端の肖像』澁澤龍彦『妖人奇人館』澁澤龍彦『世界悪女物語』澁澤龍彦『女のエピソード』澁澤龍彦『毒薬の手帖』澁澤龍彦『怪物の解剖学』種村季弘『迷宮の女たち』種村季弘『悪魔礼拝』種村季弘『謎のカスパール・ハウザー』種村季弘『宦官物語』寺尾善雄『殺人ケースブック』コリン・ウィルソン著 高儀進訳（以上、河出書房新社／河出文庫）、『酒池肉林』井波律子（講談社／講談社現代新書）、「大座談会「極悪人の世界史」『現代』一九九八年二月号（講談社）、『世界史の中の女性たち』三浦一郎（社会思想社／教養文庫）、『切り裂きジャック・百年の孤独』島田荘司（集英社／集英社文庫）、『別冊歴史読本／日本史恋愛スキャンダル』『歴史読本ワールド／魔性のヒロイン』（以上、新人物往来社）、『日本逸話大事典5』（人物往来社）、『恐怖の都・ロンドン』スティーブ・ジョーンズ著 友成純一訳『文学と悪』ジョルジュ・バタイユ著 山本功訳『売春の社会史 上・下』バーン&ボニー・ブーロー著 香川檀・家本清美・岩倉桂子訳（以上、ちくま学芸文庫／筑摩書房）、『万国奇人博覧館』G・ブクテル&J－C・カリエール著 守能信次訳（筑摩書房）、『ドラキュラ伯爵』ニコラエ・ストイチェスク著 鈴木四郎・鈴木学訳『怪僧ラスプーチン』マッシモ・グリッランディ著 米川良夫訳『サド侯爵の生涯』澁澤龍彦『悪魔のいる文学史』澁澤龍彦（以上、中央公論社／中公文庫）、『酷刑』王永寛著、尾鷲卓彦訳（徳間書店）、『毒薬の博物誌』立木鷹志（青弓社）、『詐欺とペテンの大百科』カール・シファキス著 鶴田文訳（青土社）、『図説拷問全書』秋山裕美『図説オカルト全書』オーエン・S・ラクレフ著 荒俣宏監修・解説 藤田美砂子（以上、原書房）、『死体処理法』ブライアン・レーン著 立石光子訳（二見書房）、『謎の迷宮入り事件を解け』楠木誠一郎（二見書房／二見ｗａｉｗａｉ文庫）、『悪人列伝1・4』海音寺潮五郎（文藝春秋／文春文庫）、『世界大百科事典』（平凡社）、『世界犯罪クロニクル』マーティン・ファイドー著 中村省三訳（ワールドフォトプレス）、『ワニの穴／極悪人』（ワニマガジン社）

楠木誠一郎（くすのき・せいいちろう）

1960年、福岡県に生まれる。日本大学法学部卒業。歴史雑誌編集者を経て、現在、作家。
主な著書に『日本史 謎の殺人事件』『図解 早わかり日本史』（二見レインボー文庫）、『日本史・世界史 同時代比較年表』（朝日文庫）、『黒田官兵衛』『西郷隆盛』（講談社火の鳥伝記文庫）、『クレオパトラと名探偵！』（講談社青い鳥文庫）、『馬琴先生、妖怪です！』（静山社）などがある。

本書は、1998年10月に小社より発刊した文庫の改装改訂新版です。

二見レインボー文庫

歴史《れきし》に名《な》を残《のこ》す「極悪人《ごくあくにん》」99の事件簿《じけんぼ》

著者　楠木誠一郎《くすのきせいいちろう》

発行所　株式会社 二見書房
東京都千代田区神田三崎町2-18-11
電話　03(3515)2311［営業］
03(3515)2313［編集］
振替　00170-4-2639

印刷　株式会社 堀内印刷所
製本　株式会社 村上製本所

落丁・乱丁本はお取り替えいたします。
定価は、カバーに表示してあります。

ISBN978-4-576-18028-1
http://www.futami.co.jp/

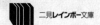